新时期农村权力结构演变

CHANGES
IN
RURAL POWER
STRUCTURE UNDER
THE
NEW RULES

周晶晶　著

社会科学文献出版社
SOCIAL SCIENCES ACADEMIC PRESS (CHINA)

序

周晶晶博士的学位论文即将出版，这是一件开心的事情。作为她本科的老师、硕士阶段以及博士阶段的指导老师，看到她通过九年的不懈努力，在社会学的专业训练上取得了长足的进步。她热爱社会学专业，对学术研究有浓厚的兴趣，对新事物具有很强的敏感性与探索精神。在撰写博士学位论文的过程中，她能够深入基层进行扎实的社会调查，获得了大量的第一手资料，并能在分析经验资料的基础上进行理论思考，提出自己的见解。她的博士学位论文出版，既是对过去学习的一个阶段性总结，也为在高校从事学术研究铺下坚实基石。

改革开放以来，农村社会结构发生了重大变化。随着村民自治制度的推行，国家力量逐渐从农村退出。但随着征地等事件的发生，国家权力在乡村的日益深入与30多年村落社区自治权的迅速成长构成了基层农村政治社会的新动态。而作者也正是以征地事件为案例，探究具体情境下的农村政治生态。具体而言，本书在动态权力研究的视角下，探讨了宏观政策改变背景下农村权力结构的变化问题。其选题贴近社会现实，揭示农村权力的真实运行状况。从研究方法来看，该研究是个案研究，以深度访谈法为主进行资料收集工作，其经验研究过程较为扎实。就学科知识的掌握与运用来看，梳理了治理精英、国家与社会关系等理论，理论脉络清晰。

本书从动态权力分析视角，以桥村的征地事件为例，探讨了在目前的时代背景下，农村权力关系结构的变化，并进一步揭示了这种农村权力结构变化所反映的农村微观治理过程的改变。该现象的发现构成了本书的研究贡献。此外，在经验研究的基础上，作者试图脱离具体个案，尝试性探究宏观规则的改变如何引发农村微观治理的变化。此外，在当前的大部分乡村治理研究中，直接将基层政府放在了管理甚至统治的地位，认为基层政府是"强势者"，而农民则是"弱势者"，农民要通过维权方式才能获得应有的权益。但是在本书的案例中，由于宏观政策的调整，构建了一种权力主体协商性的策略互动环境，基层政府在权力行使中自由余地的克制与约束伴随着农民自由余地的增长。在这个过程中，基层政府采取的新征地方案赢得了民心，同时农民群体也通过新的规则而获得了更多的权益。也就是说，虽然在征地事件中，双方在自由余地的拥有上有所变化，但这种变化使得双方的权力资源在一定程度上都有所增长，基层政府赢得了权威性资源，而农民群体在治理过程中的地位也提高了，一种更为多元化的参与以及协商程度更高的上下互动治理模式正在农村逐步展现。

当然，其研究中也存在一些不足，比如，对于农村权力结构变化以及微观治理的学术性阐释还有待加强，有些结论还需要进行进一步的理论提升等。我希望本书不是作者对于农村微观治理探讨的最终成果，而是作为下一步更为深入研究的基础，继续研究下去，通过征地事件来为我们管窥我国的农村社会治理提供一个独特、有效的研究视角。

朱力

2017 年 3 月 15 日于南京大学

目　录

第一章　绪论

第一节　研究背景

中国自古以来就有"重农""尚农""以农为本"的传统思想，农村社会不仅拥有中国社会的基本形态和特征，也对社会变迁过程产生了显著影响。社会科学学者始终将农村作为中国社会转型研究的重点对象，很多相关理论都在对农村研究的过程中形成（Lin，1995；Nee，1989；Oi，1999；Peng，2004；Walder，1995）。近年来，农村政治研究逐渐成为乡村研究领域的热点。随着村民自治制度的推行，国家逐渐从农村退出。但随着征地拆迁等事件的发生，国家权力在乡村的日益深入与30多年村落社区自治权的迅速成长造成了空前复杂的权力互动，构成了基层农村政治社会的新动态。而本书也正是以征地事件为案例，探究具体情境下的农村政治生态。

随着农业税取消、生育政策松动等一系列政策调整，曾经农村社会生活的重头戏"收税""征粮"以及"计划生育治理"逐渐失去了舞台。进入21世纪之后，城市化和工业化的进程不断加快，在农村尤其是城乡接合部，大量的土地被征收和开发。国家统计局发布的《2015年国民经济运行情况》数据显示，城镇常住人口77116万人，比上年末增加2200万人，乡村常住人口60346

1

万人，减少 1520 万人，城镇人口占总人口的比例为 56.1%。2013 年，李克强总理在中央城镇化会议上指出城镇发展是推动中国经济增长的重要动力，也是未来我国经济发展的关键点和缩小城乡收入差距的关键所在。城镇化水平提升 1 个百分点将会带动农村地区 1300 万人走向城镇，同时实现 7 亿元的消费提升并带动投资。未来 10 年，城镇化将要让至少 1 亿农民进城。

伴随着城镇化的浪潮，征地①已经逐渐成为农村社会生活必须经历的事件，并深刻重塑了农村的经济、社会与政治生活。2001 年至 2013 年，《社会学》（人大复印资料）所有刊物上转载的文章和索引中有关征地和失地农民的文章多达 49 篇；"中国期刊全文数据库"里以"征地"为主题词的文章从 2003 年开始到 2015 年每年都在 1000 篇以上。不可否认的是，城镇化的加速推进和农村经济的增长是土地征收带来的积极效应，近年来我国整体经济的快速增长与土地征收之间也有着密切的联系。然而，由于征地强制性的特点，再加上补偿费种不齐全、补偿费测算不科学以及程序不完善等原因，征地矛盾越发凸显，这也是现阶段媒体报道以及相关学者研究的聚焦点。

虽然对于征地中矛盾、冲突的关注反映了一部分社会事实，但具有暴力性质的征地冲突在现实生活中大多是个案，并不是所有征地都存在激烈的矛盾、冲突或者引发了群体性事件，尤其是在相对发达的地区。一方面，国家通过不断完善征地政策，比如提高补偿标准和完善程序等，进一步规范了基层政府的征地行为。

---

① 2004 年 3 月，全国人大对《宪法》做了修改，将《宪法》原第十条"国家为了公共利益的需要，可以依照法律规定对土地实行征用"改为"国家为了公共利益的需要，可以依照法律规定对土地实行征收或者征用并给予补偿"。根据宪法修正案，2004 年 8 月 28 日，十届人大常委会第十一次会议通过了《关于修改〈中华人民共和国土地管理法〉的决定》，区分了"征收"和"征用"。土地征收是土地所有权的改变，土地征用则是有条件的土地使用权改变。本书所提到的征地如果没做特别说明，则指的是征收。

无论是常规性的土地管理还是临时性的检查工作都对基层干部造成了巨大的压力，这在很大程度上减少了暴力征地的发生率。而在相对发达地区，由于征地的数量巨大，通过不断总结经验教训，该地区政府的征地行为相较于欠发达地区，更为规范。另一方面，在经济相对发达地区，被征地农民长期以来的非农化收入水平较高，对土地的依赖程度较低，因此可预期到的被征地后的生活和生产方式受到的影响小，这在客观上提升了农民被征地意愿和被征地后的预期（王伟林等，2009），也就是说，大部分农民希望被征地，即使有所拖延也是基于对地价或者其他历史遗留问题的不满，但这种拖延不足以引发征地冲突或者暴力事件。那么，除了暴力、冲突之外，征地事件还给农村社会带来了什么更为深刻的影响呢？

第二节　研究问题

下面的三段材料充分展现了上文的问题，这三段材料都来自本书的田野调查，分别涉及土地整理过程中三洲街道①与桥村的分工，村民小组长的作用以及农民的角色。

材料一：

三洲街道付主任："现在我们街道的主要精力并没有放在征地上，征地还是以村里为主……搞了'八项规定'之后，现在很敏感的，我们没有相关的经费，没有这些钱怎么去做工作？都要依靠村里。你比如说2.5产业园这个工作下来了之后，作为一个村，在这段时间必须要以征地工作为重心，全身心投入，其他条口的工作都是次要的，但是也要完成，只

①　遵照学术惯例，本书对调查地点的地名和人名都进行了技术处理。

3

是完成得好与不好的问题，但是这项征地工作绝对不能含糊。"（访谈，SZJDFZR20151215）

材料二：

桥村王村长："在征地中，村民小组长格外重要，因为三洲街道的征地方案变了，之前只要村民小组长签字就行了，但这次需要每家每户签字，签字率还必须达到80%，这种情况下，必须要发动村民小组长来助'一臂之力'……如果村民小组长不仅自己不签，还在外面胡说八道，那就很难办了，这样的村民小组也会成为'困难组'。"（访谈，QCWCZ20150306）

材料三：

23 组队委季银城："之前海陵大桥拆迁的时候，也没有这个说法吗？也没有说签字人数要达到80%吗？当时只要队长、队委签字就行了，偏偏这次搞得这么复杂，还不是现在搞'群众路线'？反正我是不签。我有不签字的权力，我只要不签，我跟已经签字的比，我就更有权！"（访谈，JYC20150704）

材料一展现了街道干部将征地任务交给村干部执行，并且相较于日常工作，更强调村干部组织目标的完成。在分配征地任务的同时，三洲街道对桥村的管理和控制也随着征地任务下移了，相较于征地"发包"之前，村一级与三洲街道的联系更为紧密，自由空间也更少。大部分学者认为，在20世纪80年代之后，国家权力逐渐在农村弱化（孙立平，2004；宿胜军，1997），村干部国家代理人的角色相比于家庭代表和守望者的角色来说占据的比例较低，同时后两者所占的比例逐渐提高（杨善华，2000）。虽然这类分析可以在一定程度上解释基层政府与村一级在日常村务中的权力关系，但却无法解释材料中所反映的社会事实。在材料中，村干部成为征地任务的执行者，而街道与村干部之间的联系不仅没有变弱，反而因为征地事件变得更为紧密。那么，为什么在基层自治组织中，街道与村干部的关系反而更为紧密呢？

材料二反映了村干部对于村民小组长的重视，王村长认为，征地顺利进行的"前提条件"是要"搞定"村民小组长，只有在尽量说服村民小组长的情况下，村干部才能够行动。当前，中国农村社会的研究者很少关注村民小组，即使有学者提到了村民小组作为集体经济组织之外的政治组织的作用，也大都认为其资源有限。大多数村民小组长形同虚设，村民小组也缺乏管理，在很多情况下，甚至村干部会直接接手村民小组的工作（于建嵘，2002；常利民，2009）。与这类研究相反的是，在这次征地过程中，村民小组长发挥了更为重要的作用，村干部无法"绕开"村民小组长，直接推进征地。那么，在这次土地整理项目中，为什么村民小组长会发挥如此大的作用呢？

在材料三中，相较于大多数研究所强调的农民"弱势"的处境，季银城的处境似乎不太一样。当前的大部分研究都认为农民在征地中处于被动、弱势地位，着眼点也在农民的维权上，由于政府并没有给予农民合理的土地补偿，农民只能被动反抗（朱力等，2014）。这类对被征地农民"维权抗争"的论述，虽然反映了一部分地区的社会事实，但又该如何解释材料三中的情况呢？在季银城拒绝签字的情况下，基层政府并没有逼迫其签字，也就是说，农民拥有了拒绝签字的权力。而签字率80%的规定，也使得农民的知情权、告知权得到了提高。那么，为什么在征地过程中，农民的权力反而增长了呢？

综上所述，当前学者对于农村权力关系、权力主体以及征地事件中利益主体互动的研究具有一定的解释力，但是这些解释仍然具有一定的不足。正如材料中所揭示的，在基层自治组织中，街道与村干部的关系反而更为紧密；在征地中，村民小组长发挥重要作用；而农民的权力不降反增。结合材料与当前学者的研究可以发现，街道干部与村干部之间的权力关系、村干部与村民小组长之间的权力关系、基层政府与农民之间的权力关系与常态化的权力关系相比，都发生了变化。那么，这种变化会对农村的政治生态带来何种影响？

此外，通过上述几则材料，我们还可以发现，除了材料中所分别展现的不同权力主体在征地过程中的具体互动之外，这三则材料还共同突出了十八大以来政策环境的变化对权力主体行动的影响。材料一展现了"八项规定"对征地任务分配的影响；材料二则体现了具体征地操作规则的改变给村干部与村民小组长的互动带来的变化；而材料三也表现了农民对"群众路线"教育所引发的一些变化的猜测。在以上分析的基础上，本书提出这样的研究问题：①政策环境的变化对于农村权力结构有何种影响？②在征地过程中，农村权力结构变化如何发生？③农村权力结构变化体现为农村政治生态的何种变化？本书拟以苏中地区的桥村为例，探讨征地过程中的农村权力结构变化问题。

第二章 文献综述与研究设计

第一节 农村权力结构研究的现状

当前探讨农村权力结构的研究大都在农村治理的宏观视角下展开，相关研究都是以乡村秩序如何维系以及乡村社会如何发展为初衷的（贺雪峰等，2007）。具体而言，围绕农村权力结构的研究主要有两种分析视角，分别是："治理精英"视角以及"国家与社会关系"视角。

一 "治理精英"视角

"治理精英"视角倾向于探讨治理精英，也就是若干治理主体中发挥核心作用的群体，在农村权力结构中的作用以及相应的农村权力结构的特点。在村庄权力结构中精英处于中介地位，起到了承上启下的作用，是村庄权力交互的关键点（金太军，2004）。在乡村治理的过程中，乡村精英发挥的作用和所处的地位是农村问题研究领域的学者们所广泛关注的重点。本书主要从三类研究路径来进行阐释：一是精英的划分与农村权力结构类型；二是社会变迁视角下的治理精英与农村权力结构；三是治理精英的动员与农村权力更替。

（一）精英的划分与农村权力结构类型

从 20 世纪 90 年代初开始，农村精英的类型研究逐步成为农村研究热点。学者们从不同的角度出发对农村精英进行了分类，并进一步根据不同的农村精英划分对农村权力结构类型进行了概括。王汉生（1994）较早地对中国农村精英的划分进行了研究，她以影响场域的不同将农村精英分为经济领域精英、社会领域精英和政治领域精英三种类型，其中政治领域精英的代表群体是村党支部和村民委员会的主要干部，集体经济中的管理者和私营企业负责人是经济领域精英的代表，而在个人能力、社会经验、品德修养和知识水平等方面具备一定的优势且村内德高望重的一部分人则是社会领域精英，根据不同精英的划分，她还进一步区分了四种"理想型"乡村社区。事实上王汉生的这种分类方法受到了韦伯"共同体内部的权力分配"论断的影响，韦伯区分了三种权力分配的形式，即阶级（经济）的、等级（身份）的和党派的（韦伯，2006：246～262）。还有学者以是否在"体制"内为标准，对农村精英进行划分并区分了农村权力结构类型，主要有两种划分方式。第一种将农村精英分为管理精英（体制精英）、普通村民和非管理精英（非体制精英）这三个等级，管理精英通常是指被国家正式授权，获得国家政权体系认可的村干部，而非管理精英通常是指知识精英、宗教精英和乡村地痞等并未得到国家层面正式授权的人。仝志辉、贺雪峰（2002）构建了"体制精英、非体制精英以及普通村民"的三层研究框架，并结合各个群体掌握权力资源以及支配权力的能力，将村庄分为四种理想类型，分别为经济社会分化程度低、社区记忆较强的 A 类；低经济社会分化、弱社区记忆的 B 类；经济社会分化程度高、弱社区记忆的 C 类；强经济社会分化、强社区记忆的 D 类。卢福营（2006）以权力资源的占有度为基础将村民分为普通村民、非管理精英和管理者三个阶层。根据这种阶层分类，他认为阶层之间的博弈方式主要包括干部和群众的博弈以及普通村民和权力精英的博弈。在此基础上，他进一步将村庄权力结构分为权力精英主导型、管理者控制型和群众自治型。刘喜堂（1997）根据家族势力、村委会以及村民的分类，将村庄的内部权力结构分为传统型、形同虚设型和混合型三种类型。其中，传统型权力结构中，村委会的权威性最小，主要以家族势力为主导；形同虚设型权力结构中几乎不存在家族势力，村民大多集中在村委会和党支部；混合型权力结构的核心为村委会和党支部，但是仍然残留家族势力的影响。

第二类是将村庄的群体划分为体制内精英与体制外精英，在这一类划分中，体制内精英的含义与第一类划分是一致的，但是这一类划分中体制外精英的范围进一步缩小了，直接将其界定为有一定政治影响力的村民，在群体划分中也相对忽视了普通农民这一群体。孙龙（2007）运用"体制－内生"研究框架把村庄权力结构分为强内生性权力与弱体制、强内生性权力与强体制、弱内生性权力与强体制以及弱内生性权力与弱体制四种理想类型。吴思红（2003）提出了村庄二元精英论，将村庄精英划分为体制精英与非体制精英，并从权力结构稳定与否的角度将农村权力结构分为妥协不稳定型、强势稳定型、代理稳定型和对立无序型四种类型。除了上述两种划分之外，还有少部分学者根据传统的农村二元权力结构，将农村的权力主体限定为体制内的村党支部与村民委员会，郭正林（2005）对农村权力结构在民生转型过程中的变化情况进行了分析，并且将村庄权力分为了村支两委并列、"同心圆"和"一肩挑"三种结构，并且指出村庄精英和这些结构之间存在密切的关联。

（二）社会变迁视角下的治理精英与农村权力结构

目前，农村治理精英大都以权力为基础进行角色定位，而农村核心治理主体的变迁也反映了不同时期农村权力结构的特点。

这类研究从时间上可以分为三个阶段，分别是以士绅阶层及地方精英为代表的我国传统①农村治理主体研究、以生产大队干部为代表的人民公社时期农村治理主体研究以及以村两委干部为代表的改革开放后农村治理主体研究。与这三个阶段对应的农村权力结构分别是宗法伦理型的农村权力结构、国家意志主导型的农村权力结构以及多元主体参与型的农村权力结构。

1. 士绅、地方精英与宗法伦理型的农村权力结构

伴随着学界对韦伯"中国命题"的质疑（李猛，1995；狄金华等，2014），研究者开始以士绅为切入点来考察"在皇权无法深入农村基层时，究竟谁是农村治理主体"的问题，逐步形成了农村精英研究的"士绅"模式和"地方精英"模式。"士绅"模式的研究者将士绅称为精英，并对明清时期的权力构成和国家关系进行了研究。他们指出，在地方上士绅代表了国家层面的权力，在维系社会关系和促进社会稳定方面起到了重要的作用（李猛，1995）。费孝通（2007）在对旧中国士绅与民众、国家政权之间关系的研究中，提出了"双轨政治"的概念。历史学家吴晗（2012）从经济利益的差别和身份的角度阐述了不同士绅的权力组成。还有学者提出了"士绅操纵"，他们认为士绅在传统社会有重要作用，操纵了政治生活等社会的各个方面（孔飞力，2002；张仲礼，1991）。"地方精英"模式的学者认为在"士绅"模式中，其核心概念"士绅"界定不清晰（黄宗智，2003），同时没有充分发展国家理论，未摆脱传统的政治史观，没有将日常生活和中国社会的基本结构考虑在内，因此不能对社会变迁过程中各社会成员的行动进行阐释（李猛，1995）。鉴于此，他们提出，应该探讨地方精

---

① 对于传统（古代）与近代的历史划分，学术界存在争议。在本书中，中国传统农村主要是指明清时期的中国农村。由于辛亥革命以后中国农村基层社会结构及农村精英有某种连续性，因此将部分基于民国时期农村精英的研究也纳入本书讨论的视野。

英①与国家及民众的互动关系。从"士绅"到"地方精英"的转换，不仅仅是理论上的变化，也从侧面反映了治理主体的变化，即传统的士绅让位于民国的地方精英。杜赞奇（2003）注意到，国家政权从晚清以来逐渐向农村转移，农村的领导地位也逐渐从士绅阶级手中消失，因此他提出了"经纪体制"的观点，指出在民国时期精英成为连接基层和国家的桥梁。宿胜军（1997）所提出的"保护人"与杜赞奇的"经纪体制"一脉相承，他指出在封建社会中，国家政权并没有实现对基层的直接管辖，有着"政不下县"的特点，这就给地方精英管辖地方事务提供了制度空间。萧邦奇在浙江萧山个案研究的过程中分析了地方精英在推动群众参与革命中自身影响的发挥（Schoppa，1982），这也与杜赞奇的"保护性"精英有重要关系。

从上述研究中可以进一步看出，在这两种农村精英的模式中，无论是"士绅"还是概念范围相对广泛的"地方精英"，都反映出农村权力结构有着浓厚的宗法特色。从传统的角度分析，乡村的本质就是扩大的家庭，根据宗族制度确立家族内部的权力分配状况，并且与血缘关系一一对应。因此，在传统的乡村社会中出现了男女有别等以儒家思想为代表的管理模式，以伦理组织的形式构成了农村权力结构（梁漱溟，2011）。而且，建立在血缘关系和宗法制度基础上的乡村权力结构，得到了国家法律及传统政治思想的认可和支持。由血缘关系决定的等级结构，决定着在乡村权力结构中不同位置的分配与传承（曹海林，2008）。民国之前，传统的乡村权力结构和社会效应都发挥了重要的作用，虽然国家曾经设想获得乡村的治理权，但是通过多方努力都没有取得理想的效果（杜赞奇，2003）。

---

① 地方精英包括持有功名的士绅，也包括韦伯论述过的地方长老，此外还有各种所谓的"职能性精英"，如晚清的士绅、商人、经纪，以及民国时代的教育家、军事精英、资本家、土匪首领等（Schoppa，1982）。

2. 生产大队干部与国家意志主导型的农村权力结构

中华人民共和国成立之后，传统精英在农村权力结构的主体地位随着土地改革的到来逐渐消失，农村权力结构发生了翻天覆地的变化，宗法特色显著的乡村权力结构逐渐崩溃，国家对于农村的控制权不断提升，并在"队为基础，三级所有"的人民公社时期达到巅峰（Chan，Madsen & Unger，2009；Friedman，Pickowicz & Selden，1991；Parish & Whyte，1978；Shue，1988），村民的日常生活和工作都在生产大队中得到体现，生产大队干部取代了传统精英成为重塑后的农村治理主体。大多数学者都认为人民公社的出现从50年代开始改变了农村权力的分布，导致传统的中间阶层消失，大队干部的角色也变成了体现国家意志并履行政府职能。随后，简单的两层结构取缔了传统的三层结构，新农村到处充满着共产主义的特色（周飞舟，2006）。也就是说，这时的农村权力结构由之前的宗法伦理型变成了国家意志主导型，这一时期的农村治理主体：生产大队干部，必须全力维护集体化和人民公社制度，他们是政府的代表和国家权力在农村的发言人，不能够进行自由选择（罗泽尔、李建中，1992；宿胜军，1997）。

有许多海外学者关注了这一时期的中国农村，萧凤霞（1989）对这一时期国家权力逐渐在农村得到体现并且实现对农村的行政控制的过程进行了分析。她指出，近现代以来通过对地方精英的扶持和拉拢，国家通过精英的关系网实现对农村地区的控制，并且间接将国家权力伸向了农村地区，从而将农村地区控制在国家权力范围内，最终出现了农村国家化的现状。另外一些学者进一步从传统文化以及宗族的角度，探讨了生产大队干部的权力基础，赵文词（1984）对农村干部的行为进行了分析，并且指出农村干部在中国社会无法被改造，国家也在一定程度上受到了传统权力结构的影响。弗里曼、毕克伟、塞尔登（2002）指出在权力结构的转变过程中，国家并没有摧毁地方关系网络，也没有将主要精力放在对村庄整治的转变上，而是以地方精英为跳板实现了对农村和农民的控制。在农村权力结构中，亲戚和个人关系网、宗族因素以及传统观念是基本要素。

还有一些国内学者受到费里曼等的启发，在研究中指出，国家在向农村地区渗透的过程中也受到了某些传统要素的影响。贺雪峰（2001）对江曲贯村进行了调查分析，他指出在片区管理和姓氏比例分配等方面，村干部从人民公社时期以来逐渐实现了固化。仝志辉（2000）在对江西艾村研究的过程中发现同样存在这样的问题，他将这种现象称为"村政精英均衡"。梅志罡（2000）对河南汪村进行了研究并指出，村干部并不一定都是村里的大姓，其在权力分配上遵从了族姓均衡机制，他将这种现象称为均衡型村治模式。

经过人民公社与合作社的探索，基层治理精英们在社会变革的过程中探索出了新经验，认识到要遵从党和中央的政策方针，这样才能对自身利益和区域利益起到推动作用。如果自身利益和党的方针出现了冲突，则要学着去变通。在 20 世纪五六十年代，村干部这一角色更多地体现的是国家代理人的角色，但是从"文化大革命"结束到十一届三中全会，越来越多的村干部对当时的国家政策心存疑虑。从 20 世纪 70 年代开始，村干部在政策执行过程中的变通就比较普遍，这也说明了他们的身份也从国家代理人向社区守望者和家庭代理人转变（杨善华，2000；Putterman，1993）。

3. 村干部与多元主体参与型的农村权力结构

我国在人民公社解体之后，实施家庭联产承包责任制，在农村生产领域中，国家政权的影响力逐渐降低，乡村生活具备了更大的自由性。随着家庭联产承包责任制的出现，人民公社体系的根基逐渐被动摇，由国家政权力量设计并强力推行的乡村权力结构很难再将分散化的农民有效组织起来。而随着《村民委员会组织法》的推行，原来通过政社合一的体制直接延伸至农户的国家行政管理权全面上收至乡镇，国家开始从农村退出，作为村民自治组织的村民委员会取代原来的生产大队主导了村庄权力格局。在此时期，村干部也出现了相比于其他历史时期更加鲜明的特色。

学者们指出，从80年代开始，村干部本身具备的除国家代理人之外的社区守望者与家庭代理人的身份被国家认可，只要政府的各项任务能够得到保障。相对于国家代理人而言，村干部的社区守望者和家庭代理人的身份所占的比重不断增加，并且在很多村庄，村干部更多地表现为家庭代理人的角色，大都为谋求个人利益而努力（杨善华，2000；宿胜军，1997）。王思斌（1991）认为村干部是处于行政管理系统和村民自治系统之间的"边际人"，但是就长远利益、基本身份而言，村干部属于民系统。徐勇（2003）在研究中对村干部从农村改革以来的角色转变进行了分析，并且提出了村干部本身具备社区当家人和国家代理人的双重身份，在村庄治理的过程中不仅扮演了国家代理人的重要角色，同时也是村民谋取福利的代表。由于双重角色在权力分配上存在一定的差异性，因此得到的期望值也有一定的差距。从政府方面而言，更加期望村干部执行党的政策，落实政务，而从村民的角度分析则更期望村干部为村民谋求更好的发展。从20世纪80年代开始，乡村经济改革逐渐打破了以集体经济为核心的经济格局，乡村经济也朝着多元化的方向不断发展（曹海林，2008）。

随着乡村经济结构的不断调整，多元参与在权力配置中发挥的作用越来越大，除了政治精英之外的经济精英等其他精英群体开始在农村权力结构中发挥作用，形成了多元主体参与型的农村权力结构。郭正林（2003）在研究中指出，直接选举的方式能够更好地推选出经济能人。郎友兴（2003）以浙江农村为研究对象进行了村民选举和自治制度的相关研究，他发现该制度实施以来，农村的权力结构发生了巨大变化，由村民选举而来的经济精英转变成了治理精英，与此同时他在研究中也对经济精英参政的内在动力进行了探索。

（三）治理精英的动员与农村权力更替

自村民自治制度推行以来，越来越多针对农村权力更替中精英发挥作用的研究开展起来。仝志辉（2002）在研究中指出，在村民选举的过程中，精英利用自身的社会关系和影响力动员普通选民投票，这是使得村民广泛参与的重要影响因素，他还创造性地提出了农村精英的动员策略：表达共同利益、建构利益共同体以及强化投票效能感，而影响精英动员能力的多重因素则分别是精英个人实力以及其所处群体中与普通村民的社会关联强度。刘明（2009）对村庄精英动员进行了研究，他发现这种方式能够改变村民政治参与度不高的现状，对选举公正性的体现有推动作用。而要实现有效的精英动员，首先要解决村庄精英的"衰退"现象，其次，要从策略选择的规范性上进行探索。

国外用来描述精英动员的理论观点主要是拉斯韦尔关于政治精英统治方式的研究。他指出精英为了实现特定的政治目的，会采用暴力、物资、威慑等多种手段，与此同时他还表示，任何形式的动员最终目标都是实现个人利益的最大化。精英通过意识形态所形成的共同命运象征来巩固自身地位并获得特殊利益（拉斯韦尔，1992：19），而政治宣传是精英利用意识形态的一个突出表现。通过宣传，能够产生希望的共同行为的各种象征，并用此引导或分散群众的注意力，从而达到遏制反对、巩固自身的目的（赵虎吉，2002）。重复法和分散注意力法是精英们在宣传过程中最常采用的方式，有效的宣传在处理不同的情绪方面也是灵活多变的。在精英统治的过程中，暴力也是一种重要方式。拉斯韦尔在对政治和暴力之间的关系进行分析时充分说明了暴力在政治中的作用、如何使用暴力、使用暴力的措施以及协调策略等内容。他指出暴力是在特定发展形势下为实现特定目的而采用的方式，只有被正确使用时，暴力手段才能够成为精英获得权力的重要工具，也就是说暴力只是统治阶级维护统治的一种手段，而不是目的。换言之，暴力行动只有与组织、宣传、情报等各方面的工作配合起来才有可能发挥作用（拉斯韦尔，1992：33）。

此外，宣传和暴力都离不开物资。精英集团拥有财务控制权，他们通过对物资的配给或影响其定价，通过毁坏物资或影响物资生产，通过扣留和委派来巩固自己的权势。由此，物资成为精英维持统治的手段（拉斯韦尔，1992：47）。在政治统治中的实际措施也是精英统治方式的一种，精英采取的实际行动的成功与否决定了他能否在竞争中获得优势地位。此外，精英所采取的一系列措施包含了精英训练、政策制定以及管理过程中的相关模式（拉斯韦尔，1992：62）。

二 "国家与社会关系"视角

除了侧重治理主体的视角之外，还有学者从社会和国家之间的关系这一角度分析农村权力结构。根据西方的方法论，从国家和政治的角度对地方政治的激励性分析中出现了国家中心论和社会中心论两个截然不同的观点，其中国家中心论的核心是以国家为中心，而社会中心论的核心则是以公民为中心。国家和社会能够在多大程度上受到对方的制约是两个不同的论点的关键（张静，1998），权利和权力、地方政府和基层社会、市民社会等冲突和调适的关系等都是相关论点的核心内容（郭正林，2003）。具体而言，该视角还可以分为"国家与社会关系"的多元视角以及"社会中的国家"视角。

首先是"国家与社会关系"的多元视角，随着研究的逐渐深入，学者们不再强调国家与社会关系的零和博弈或者是此消彼长，相关的研究更倾向于两者的互动。戴慕珍（Oi，1992）指出相较于国家与社会之间的力量消长，她更乐于讨论二者之间的互动方式。许慧文（S. Vivienne，1988）对中国乡村结构进行了分析并且探索了演变过程,她指出国家和农村社会在权力变迁的过程中逐渐重塑对方。徐勇和张厚安(1995)在研究中提出了乡村整治的观念,他们指出村民自治的过程能够展现国家和社会的互相影响,折射出社会和国家的重大关系。还有学者在国家与社会的二分框架中加入了其他变量。黄宗智(1993)在哈贝马斯的"公共领域"的基础上提出了"第三领域"。根据他的观点,农村集体经济是国家和社会的混合物,是一种第三经济,而村组织则是第三领域在制度化上的组织体现。崔大伟(Zweig,1997)指出,中国社会变迁的过程中农民和国家的单纯性力量都不足以产生足够的作用,基层干部、农民与国家的多方互动才是改革的内在动力。受其启发,于建嵘(2002)在对岳村的研究中,从村民利益需求方面对国家、基层政府、村民和社区组织之间的关系进行了深入剖析。吴毅(2002)对川东双村进行了研究,他从"村庄场域"的概念入手对国家和社会的关系进行了新的界定,根据他的观点,国家和社会之间是权威与秩序形态的互动。王铭铭(1997)从政治人类学的角度对闽台三村进行了研究,深入探索了民间传统的复兴和民间权威的兴起。这些研究在方法论上都有"从宏观把握微观"的特点,都试图从"本土经验中提炼出一般性的理论解释"(郭正林,2005)。

其次,是"社会中的国家"视角。从 20 世纪 90 年代以来,一些学者在国家和社会研究领域内提出要打破国家中心论和社会中心论两分的现状并建立社会中的国家的观点。根据这种观点,社会和国家之间互相影响,在社会结构中的位置都是两者互动的结果,无法预测(Migdal,2001;张静,1998),从而"社会中的国家"应运而生。在具体研究中,该视角主要通过农村权力的具体运作方式得以展现。樊平(1998)指出生活规则对传统地域定义的社会生活起到了决定性作用,生活规则是基层政权的本质,村落内新的生活规则的建立以及文本规则的没落是村落权力运作的根本内容。孙立平、郭于华（2000）采用实证研究的方式对华北地区某镇的征粮行动进行了研究，他们探索了行政权力运作过程中日常生活准则和民间观念的引入。马明洁（2000）对北方某乡动员农民进行香瓜种植进行了研究，提出了经营动员与权力经营这两个概念。他指出乡村基层组织在村民自治的过程中仍然有很大的影响力，其可以在动员的过程中实现再生产。应星（2001）以西南水电站移民过程中的集体上访为例，对中国社会权力结构中弱者如何表达自身意愿进行了分析。周晓虹（2000）根据国家和社会的关系对毛泽东时代和后毛泽东时代的农民参政状况进行了分析，并对两个阶段的情况进行了比较。

三　农村权力结构研究的不足

总体而言，当前有关农村权力结构的研究，无论是"治理主体"视角还是"国家与社会关系"视角都在传统静态权力观的基础上展开，相对忽视或减少了对国家政策环境变化所引发的农村权力结构变化的探讨。首先，他们忽视了宏观规则的变化对于农村权力结构带来的冲击。虽然部分学者在探讨村庄内部权力结构的时候，着重分析了地方性规范的作用，特别是传统社会中的习俗、宗族文化等因素，但是他们忽视了国家宏观政策环境的变化给农村权力乃至农村治理过程带来的影响。还有学者讨论了后税费时代的乡村治理的变化，但突出的都是变化后乡村治理呈现的新困境，并未将国家政策的变化与农村治理变化的过程结合起来进行分析（狄金华，2015）。

在新中国成立之前以及成立之后不久的农村社会适用这种分析方法，那时候农村社会的"模式化"很强，比如费孝通所说的"长老统治""礼治秩序"（费孝通，2007），农村的权力被极少数精英掌握，也很容易与国家政权进行深入对接，又如杜赞奇所提到的"权力的文化网络"（杜赞奇，2003），这个阶段的农村权力结构相对静止，在一定时期内能够稳定不变。但是，家庭联产承包责任制从 20 世纪 70 年代出现，促进了人民公社体制解体，打破了原本存在的农村权力结构，诱发了单一权力结构的分层。从 20 世纪 80 年代初期开始，村民自治组织成为个别乡村地区农民为管理公共事务而建立起来的自治性组织，并渐渐在广大的乡村社会普遍推行开来。从 1987 年的《中华人民共和国村民委员会组织法（试行）》到 1998 年《中华人民共和国村民委员会组织法》的修订并取消试行在全国推广，更是将村委会组织建设以法律的形式加以确立和细化（O'Brien，2001；Pastor & Tan，2000）。逐渐地，农村社会摆脱了传统社会对于地方性规范的依赖，但也未能充分体现出现代公民规则（张静，2006）。也就是说，当今的农村虽然不存在确定性的"支配"规则，但还未过渡到完全村民自治的阶段。在这一过程中，国家政策对于农村社会权力结构的影响依旧不容忽视。因此，当前探讨农村权力结构以及农村治理必须要结合国家政策的变动进行分析。

其次，他们忽视了农村权力结构的可变动性。相关研究对于权力的分析，有很明显的"韦伯"色彩。韦伯开辟了对权力现象的真正的社会学分析（Dahl，1968），他的观点对现代的权力分析产生了深远的影响，在韦伯理论的影响下产生了当代最主要的两种权力模式，分别是合法化权威模式以及利益冲突模式（李猛，1996）。韦伯认为，权力是一种在任何情况下、任何基础上都能实现自由意志的机会（韦伯，2006：81）。与这个概念一起讨论的是支配的概念，支配被定义为"一个带有特定内容的命令将被特定群体服从的机会"（韦伯，2006：81）。与韦伯同时期的齐美尔也着重分析了支配，他认为支配是一种互动形式，与支配有关的是主宰和臣服（Simmel，1977）。相关学者从传统权力观念的角度分析将权力运作当作权力的运用，权力往往体现在社会分配的过程中，从而将权力与"占有"或者"拥有"联系在一起（李猛，

1996）。

这种理解过分强调权力的驱动性和力量性，认为任何有待说明的社会现象都是权力所产生的效果。而在这种权力观指导下的农村权力结构研究，也大都根据占有权力的多少以及支配他人的能力来对权力结构进行分析，忽视了权力的关系性和实践性。进而，在静态权力观学者的相关研究中，大都认为农村权力结构体现了一种从上至下的管理，而不是自下而上的互动。但是在现实生活中，权力是一个动态的过程，隶属于社会生活的全部领域，而并不被社会行动者所持有（Olsen，1972），国家权力和社会力量之间的互动处于不断变化的动态过程中（Migdal，1994）。既有研究并没有考虑到权力主体的互动可能会对原有权力结构以及治理过程带来的冲击。

此外，这种静态权力观指导下的农村权力结构研究也具有过于宏观的缺点，忽视了治理主体的策略互动对于权力结构的影响。国家与社会关系研究框架在很大程度上代表了一种结构分析，在运用上很容易屏蔽或者是忽视行动分析。虽然有一部分学者已经试图从行动者策略互动以及权力具体运作方式的角度对国家和社会之间的动态关系进行阐释，但是他们所理解的权力主体之间的动态互动以及具体权力的运作依旧建立在国家与社会关系的宏大背景之下，并没有切实展现宏观规则变化之下，各个权力主体的互动所体现的农村权力结构乃至治理过程的变化，表现出"宏观有余，细微不足"的特点。

第二节　征地研究的现状

在我国工业化和城市化的快速进程中，需要大量的土地与资金，而这些要素主要通过农村土地的征收获得，因此，征地逐渐成为农村生活必须经历的重大事件。由于征地带有强制性又涉及每家每户的利益，再加上征地对于农民身份的改变在一定程度上影响到了村庄的权力格局。所以，当前有关征地的研究大都具有冲突化的倾向，相关学者将研究重点放在了征地制度改进以及被征地农民的维权上，只有少部分学者从不同利益主体互动的角度探究征地事件。综观有关征地利益主体互动的文献，主要包括村委会与农民，地方政府与农民，农民、地方政府与国家以及农民、地方政府与村委会这四种互动类型。

一　村委会与农民的互动

大部分学者从征地矛盾事件出发，洞悉村委会与农民在具体征地情境下的行为逻辑。王为径、叶敬忠（2013）通过村委会工作人员在征地时的符号、话语和标准化的工作方式，考察征地过程中国家权力行使者对农民进行的情境构建与情境逼迫。齐晓瑾等（2006）以华东和华中地区的三个村庄为代表进行了实地调查，在对村干部的行为进行观察的过程中发现，村干部会与地方政府达成合作意向以提升自己的获益，此外，村干部采用各种策略推动了村庄结构的调整。还有学者建立了征地利益冲突的微观经济学模型，再结合现实的征地调查，证明了征地利益冲突的微观主体——村委会角色的重要性，并进一步提出了保障农民在征地过程中利益的主要措施：第一，变革村委会管理模式；第二，实现征地活动的市场化；第三，对村委会施加有效的额外约束（张期陈等，2012；李慧中等，2011）。

二　地方政府与农民的互动

相关学者在研究过程中以征地冲突博弈模型为基础，对政府征收土地和农民失去土地过程中的战略选择进行了探索，研究发现有效的策略选择能够提升农民失地收益，减少维权成本，同时也能促进地方政府和农民之间的博弈均衡度，有效降低违法征地行为的发生率，减少征地冲突和农民维权事件的出现（谭术魁等，2009；谭术魁等，2010）。张占录等（2011）采用完全信息动态博弈论的方法对地方政府和农民在征地中的博弈状况进行了探索，发现在征地博弈中，地方政府的强势、农民的弱势及农民维权成本的高昂是使得征地博弈均衡结果偏离社会最优的关键因素。还有的学者从理论角度分析了征地过程中政府和农民之间的利益关系，并且指出双方的利益冲突点主要表现在征地与失地、土地增值与征地补偿、城市扩张与失业、宏观目标与微观目标、长远利益与当前利益这五个方面上（朱东恺等，2004；冯晓平，2012）。

三 农民、地方政府与国家的互动

大部分学者通过建立动态博弈模型，对农民、地方政府以及国家的行为进行了分析。邹秀清等（2012）在研究过程中以中央政府、地方政府和农民三者的征地冲突为基础构建了动态博弈模型，指出在征地的过程中中央政府要加强稽查力度和对地方政府违法征地的处罚，同时提升征地补偿标准，降低地方政府的违规收益，从而实现博弈方的利益合理性，从而可以避免或减少征地冲突的发生。赵德余（2009）建构了农民、地方政府与国家的分析模型并指出，在征地的过程中，地方政府获得了最大的收益，但是相关行为导致了严重的民愤，这对中央政府的政策稳定性和社会公正起到了消极作用，并且威胁了粮食安全目标的达成。李红波等（2010）通过关系图演绎法推理出如下结论，中央政府、地方政府以及被征地者之间的利益关系相互影响并且处于相互博弈的动态过程中，这也推动了征地制度的变革，而这种变革遵循创建 Pareto 改进的非零和博弈规则。

四 农民、地方政府与村委会的互动

杨华（2014）具体分析了农民、地方政府以及村委会在征地

拆迁过程中所采取的策略。他指出，征地拆迁制度和补偿制度本身并不会导致征地过程中的冲突，导致问题激化和冲突升级的是政策实施过程和利益博弈空间的处理不当，因此，为了减少和克服征地拆迁中的问题和冲突，应着眼于调整具体政策和限制利益博弈空间。郭亮（2012）认为，虽然在当前学界对土地征收的研究范式中，将地方政府和村委会当作农民征地收益获得的对立面，但是在实践中，三者在某种程度上存在着利益相关性。存在于权利碰撞过程中的单方面压制是导致冲突的一方面原因，但是地租分配共识的缺失导致利益方都想实现自身利益最大化，这才是诱发土地征收冲突升级的关键因素。因此，地方政府、村委会和土地拥有方即农民之间要进行有效的权力配置，在遵循法律制度的基础上缩小实践过程中的利益空间，这才是解决当前征地冲突的关键点。

五　征地研究的不足

通过文献的梳理可以看出，相关研究中对于这四类利益主体互动关系的分析是一脉相承的。他们认为在征地过程中，国家扮演的是监督角色，但效果有限；地方政府是急功近利的代表，为了利益会强行征地；村委会扮演的是多重角色，既要按照地方政府的要求配合征地，又要担任农民委托人，同时还希望实现自身利益最大化；农民处于弱势地位，但是在利益遭到侵害的时候也会维权，但是维权方式单一，收效甚微。这类研究对利益主体角色分析上的一致性体现了他们所关注征地事件类型的一致性，都是以存在矛盾或者冲突的征地事件为案例。但是在现实社会中，并不是所有征地都有激烈的矛盾、冲突或者引发了群体性事件，尤其在征地政策相对透明与公平的地区，农民在很多情况下愿意被征地，而基层政府也并非总是为了完成征地任务而不择手段。鉴于此，当前的征地实证研究忽视了那些并未带来矛盾、冲突或群体性事件的征地事件，也无法解释这一类征地事件给农村社会带来了什么样的影响。

此外，有关利益主体互动的研究，虽然关注了行动者，但仅仅是就事论事，将复杂的征地过程简化为行动者之间的博弈，并没有将发现的社会事实上升到结构的层面，忽视了行动者的互动可能对农村权力格局产生的影响。虽然在当前的研究中，很少有学者研究征地对农村权力结构的影响，但无论是从理论创新的角度，还是从社会事实的角度，此类研究都很有必要。从理论上来看，农村权力结构视角填补了当前征地研究的空白。正如前文所说，当前的研究以征地矛盾或冲突事件为主导，无论是征地的制度研究，利益主体互动还是被征地农民研究，都以征地必然会产生问题与不足的理论预设为前提，进而将并未带来矛盾、冲突或群体性事件的征地事件排除在研究之外。而权力视角有利于在一般意义上分析所有的征地事件，包括并未带来矛盾、冲突或群体性事件的征地事件。

此外，对于农村而言，征地是将原本村集体所有的或者全部的土地向资金转化，这是一种深刻的变革（周其仁，2013）。《中华人民共和国土地管理法》中明确规定，农民拥有的土地属于农民集体所有，法律规定的其他形式除外。而为了实现国家公众利益可以根据法律要求将土地征用或者征收，并且根据要求给予土地拥有者一定的经济补偿，也就是说，征地带有强制性又涉及每家每户的利益。在征地的规模、用途、数量、补偿分配方式和金额等方面不同的村庄会存在一定的差异，从而对村庄权力格局的变化产生显著影响。从征地的结果来看，失地农民社区消解了原来的农村社区，曾经的同一村民小组的农民被分散到不同的小区，曾经的农村治理主体也失去了以往的地位，旧的农村权力格局被打破，取而代之的是偏城市化的社区权力格局，居委会代替了村委会掌握了社区的权力。从征地的过程来看，一方面，征地事件具有很强的时效性，政府在推行征地的时候希望在最短时间内完成任务；另一方面，征地事件具有利益性，政府希望以政策范围内的最低价格征地，而农民又希望尽可能地提高征地价格，再加上征地制度本身的不完善，这一系列的特点在某种程度上都扩大了征地过程中的规则变通空间。此外，农村的社会环境本身就具有"低模式化""低科层化"的特点，这可能与征地事件并没有直接的关系，但是这些环境却给地方政府以及村干部在征地中的行动提供了一定的空间，为彼此权力关系的变化提供了可能，从而深刻影响征地具体情境下的农村权力格局（周雪光，2009）。

第三节　研究设计

至此，本书从分析视角等层面论述了相关研究，也明确了这些研究各自的内在局限。当前探讨农村权力结构的研究大都采取了传统的静态权力观，忽视了权力的关系性和实践性。进而，在静态权力观学者的相关研究中，大都认为农村权力结构体现了一种从上至下的管理，而不是自下而上的互动。同时，也忽视了宏观规则的变化给农村权力结构乃至农村治理过程带来的冲击。而既有征地研究将现实生活中复杂的征地事件简化为制度问题或者行动者之间的博弈，并没有将发现的社会事实上升到结构的层面，忽略了其背后隐藏的重大理论问题，即征地过程中农村权力结构的变化。结合上述文献的不足，本书尝试提出新的研究视角，以动态权力理论为基础，在中共十八大以来政策环境变化的背景下，考察征地过程中的农村权力结构变化。

一　研究框架

（一）动态权力研究的视角

在传统的权力观念中，权力是一种具备实体性质的物并且可以在社会中被分配。这种理解过分强调权力的驱动性和力量性，认为任何有待说明的社会现象都是权力所产生的效果。而在这种权力观指导下的农村权力结构研究，也大都根据占有权力的多少以及支配他人的能力来对权力结构进行分析，忽视了权力的关系性和实践性，采取的是一种相对静态的权力观。但是，在现实生活中，国家权力和社会力量之间的关系处于动态变化的过程中，是一种处于冲突和妥协中的相互演变过程（Migdal，1994），当今的农村权力格局没有了绝对意义上的"支配"性规则，正是这种规则的不确定性为农村权力的变化提供了"机会主义空间"，由此可以看出，大部分学者在传统权力观的基础上去探讨相对静态的农村权力结构已经与农村社会的实际不相符合了，应该在动态权力观的指导下去研究农村权力。福柯指出权力本身并不具备明确的位置，也并不像财富那样被掌握在少数人的手中，权力本身处于运转状态下（福柯，1999：27～28）。从福柯的观点分析，马克思主义和法理主义都将权力看成了一种物，并且关注的焦点是权力支配的问题，但是从本质上而言权力要复杂得多，是一种多种力量和形态要素的组合并且具备流动性。他还进一步提出，权力是一种作为关系出现的策略（李猛，1996），而不是死板的规则，更不是压制性的外在控制。权力在社会生活的各个领域中渗透，并且具备灵活性和多样性，又在不同领域呈现不同的形态（Foucault，1980）。与此同时，福柯还指出权力本身具备生产性，是一种权力关系网。这种关系网络不断在不同社会组织以及成员之间产生新的联系，总体而言，权力本身促进了活动的产生，并且对思想起到了诱导作用（李猛，1996）。也就是说，福柯观点中权力问题的核心并不是掌权问题，而是权力的运作、权力策略以及权力机制等相关问题。

组织决策分析（组织社会学的法国学派）与福柯的权力理论相比，更注重以经验为基础的推理逻辑分析，其有关权力、权力关系、行动者等的分析都为当代农村权力的研究奠定了基础。组织决策分析的学者们认为，行动者在遵循一定规则的前提下进行权力争夺即组织运作，而组织现象本身并不依托于正式的权位职责、岗位制度或是严格的规范，反而更多地依赖于行动者之间的权力关系（杨甜甜，2007）。组织决策分析注重对实际生活的观察，强调以实际为基础对组织成员的行动策略进行观察，致力于对组织成员行动策略以及行动活力来源进行阐释与分析（李友梅，2001：8）。组织决策分析主要从如下两个方面考察组织中的权力。

首先是权力的来源。费埃德伯格（2005）提出，权力是一种作为建构于己有利的协商性行为交换的能力，用于塑造对自己有利的条件，并且能够使这种交换过程得以持续。也就是说，利用交换诸种机遇和制约力量，使对自己有利的条款发生作用。所有的参与者都能够有一定的收获并且一个或者多个参与者的收获可能更大。而权力关系是围绕行为交换而进行的诸种讨价还价的关系。根据组织决策理论，组织体系建立在行动者权力关系的基础上，组织体系的运行和内部关系的维系都必须依靠一定的权力关系，也只有经过权力关系结构的分析才能够对由特定结构组成的整体进行有效的阐释（李友梅，2001：235）。这种交换行为主要受到两方面因素的制约：第一个是行动可能性的实际效果，参与者在行动过程中会控制与应对或是彻底解决妨碍自身目标实现的问题，如果这种能力越大，那么他的行为对他者的重要性也就越大。第二个是参与者与他人进行交换的自由余地，自由余地决定着相互行为的可预期性。比如甲方的行为对于乙方所期望的结果起着关键性作用，而同时乙方的行为对于甲方来说仅能发生微忽其微的作用，那么在甲方与乙方的互动中，甲方的自由余地就会很大，即甲方拥有了对将受选择结果所影响的那些人的权力（费埃德伯格，2005）。

除了实际效力与自由余地之外，规则是权力的产生和发挥作用的重要基石，而行动领域也是在权力和规则的相互作用下构建而成的。行动者的有限理性是产生权力的基础（克罗奇埃，2002），在行动者的互动过程中，这种有限理性的存在导致了行动的不确定性，并且为行动者之间的协商与谈判提供了更多的选择。而为了获得更多的权力，每个人都尝试控制互动中的不确定性。为了实现组织的正常运作和持续运行，必须通过构建一定的规则实现对成员行为的协调与约束。规则建立的目标实际上是实现上级对下级行动中不确定性的控制。虽然正式规则在一定程度上建构着行动领域并且对实际行动进行塑造，但是规则的实施在根本上是不确定的，一旦规则被创造出来，人与人之间交互作用的策略属性就会对其进行侵蚀，由此使任何一种可能会有的透明存在都变得模糊不清。从长远的角度分析，缺乏规则制衡的权力将会形同虚设（费埃德伯格，2005：147）。也就是说，在实际组织的运行中，规则的约束力十分有限，也充满了不确定性。从表面上看，正式规则的制定反映了正式结构中上级对下级的严密控制，但事实的情况是，面对行动者的策略行动，规则的执行变得没有那么严格，甚至遭到了扭曲。规则在对一部分行动者的行动进行约束的同时，又因为结合了行动者的策略行动而充满了新的不确定性，而行动者恰恰利用这种不确定性所带来的新的空间来提升自身的权力，追求自身的利益。也就是说，现实生活中的规则是与"有限理性"相对应的行动者的策略行动相辅相成的。

　　正是这种"有限的规则"为权力产生提供了机会，如果规则严格限定了行动者的行动，同时行动者也非有限理性的话，那么行动者便不再拥有自由余地，比如甲方和乙方都在明确的规则限制下行动，那么他们就能预见彼此的行为，但是在这种情况下，实际效力发挥不了任何作用，双方都没有讨价还价的机会，也无法通过协商性交换来增加自己的权力，在这种情况下，只存在科层制内部的客观性的权力关系，不存在可变动性的权力关系。但在现实生活中，正如上文所说，正是规则的有限性，才使得权力与其密切相关，权力生产于规则无法控制的其他空间，并驱动行动者利用规则的修订来实现利益最大化的目标。在规则和权力的相互制衡和推动过程中，行动者获得了一定的自由与保护，并且构建了行动领域，建立了协商关系（杨甜甜，2007）。克罗齐埃（2002）进一步提出对于在组织中处于不同地位的行动者，与规则相联系的权力是不同的。上级的领导者同时拥有理性化的权力，比如制定相应制度和规章的权力；以及对规避规则的权力。而下级的执行者则根据上级的策略行动，在进行协商性交换的时候，获得自己相应的权力，比如上级需要依赖下级完成某项组织目标，那么下级就拥有了相应的权力，但是这种权力的获得并不是等价的，而是不均衡的。总的来说，从行动者的"有限理性"和"有限规则"的角度出发，为了实现自身的目的，行动者会对规则加以利用，不论是正式的规则还是非正式的规则都为行动者的策略行动提供了机会和空间。

其次是有关"具体的行动系统"（concrete systems of action）的探讨。行动体系这一概念是在集体行动分析的领域中演变而来的（费埃德伯格，2005：107）。费埃德伯格（2005：3）分析指出，要从最广泛和最一般的属性入手对组织现象进行分析，从其动态本质的角度将组织现象当作行动领域进行构建和再构建的过程。他还进一步指出，组织分析研究应该重点关注现象的不可还原的权变性，而组织分析研究的核心是对行动领域的具体现象进行解释（费埃德伯格，2005：11~12）。也就是说，组织决策分析学者认为具体行动领域具有权变性、局部性、暂时性的特点。在具体的行动系统中，行动者的重要性被充分强调，在行动领域的具体化布局中，拥有有限理性的行动者通过行动实现这一布局，规范彼此的合作。但是作为行动环境的布局受到先前结构化的社会特征、文化特征、技术特征等的影响，而行动者在具体行动中的协商性交换行为也是决定布局的关键所在（费埃德伯格，2005：11）。具体的行动系统中包含了与行动领域对应的游戏规则，这是行动者实施策略交换的产物，局部性和短暂性是其主要特征。同时，行动者在行动过程中会对规则进行不断的调整与修订，不同参与者之间的协商性关系也会在环境变化的过程中发生变化，这也是组织研究的核心内容，即组织的行为变化与所处的环境同步并且能够反映出所处环境的特点（Scott，2002；Wilson，1989）。

（二）本书的研究框架

上述对动态权力观的讨论，尤其是组织决策分析的观点，直接启发了笔者。组织决策分析弥补了被英美组织社会学所忽视的层面，即作为行动领域的动态组织，也提供了一种新的研究范式。组织决策分析的学者认为，组织在行动者争夺权力并利用规则的过程中得以建构，其本质是行动者协作关系的建构，所以自然会受到行动者的策略行动和暂时的由规则搭建起来的秩序的影响。此外，组织决策分析从交换以及互动的角度界定权力，权力关系也被理解为一种围绕行为交换而进行的讨价还价的关系，而这种行为交换直接受到行动的实际效力以及自由余地的影响。同时，每个组织体系所具有的一定结构都是围绕权力关系建立的，也就是说对于组织权力结构的研究要通过组织权力关系来展现，组织权力结构实际上是一种权力关系结构。但是，组织决策分析仍然具有一定的不足。相关学者虽然提出了组织具体行动领域的权变性特点，提出从权力关系的角度考察组织结构，但是并没有明确表述具体行动领域的权力关系如何发生变化，也没有把组织决策分析的核心要素——规则与权变联系在一起，而这恰恰是在分析具体行动领域的权力结构变化时所无法忽视的。

结合组织决策分析的不足，本书在分析方法上进一步借鉴了

"过程－事件分析"，这种强调行动过程和策略的研究框架一方面结合了我国本土的社会事实，同时也与福柯、吉登斯等人的理论相一致，所以在我国学术界得到广泛的运用（孙立平等，2000；马明洁，2000；应星，2001；何艳玲，2007），被视为理论与方法相结合的学术增长点。但也有批评者认为该方法具有及时性与不可重复验证的特点（杨念群，2001），其标榜的"社会真实"实质也是其特有的话语技术的建构（谢立中，2007），而且忽略了社会抽象性的特点，仅仅就事论事地研究行动，从而大大限制了该策略的解释力（李化斗，2011）。本书认为，虽然该方法过于强调具体事件中的行动者的策略，相对弱化了行动背后的社会制度与结构，但是能充分展现事件发展的过程以及行动者之间复杂的互动，对于本书的研究来说，具有一定的启发意义。

　　在本书中，农村权力结构是指行动者的权力关系构成的动态权力关系结构。在具体情境下，各个权力主体之间的关系是处在不断建构中的（特纳，2007；Parsons，1969；卢曼，2005），而在这种变化的权力关系中往往会出现结构层面所无法发现的"实践的增量"（Bourdieu，2010，1990）。只有通过对征地过程的动态调查，我们才能分析行动者在征地过程中的行动策略对农村权力结构产生的影响，并进一步探究这种影响给农村政治生态带来的变化。基于组织决策分析与国内学者研究的不足以及个案调查的实证材料，初步形成了本书的研究框架（见图2－1）。本书在十八大以来政策环境变化的背景下，对征地过程中农村权力结构的变化展开探讨：首先，分析宏观规则的改变对基层政策环境产生的影响；其次，在新的政策环境下，通过征地事件的具体行动领域，考察不同行动者之间的策略互动，从而进一步分析他们彼此权力关系的变化；最后，揭示征地过程中农村权力结构的变化所反映的农村微观治理的改变。

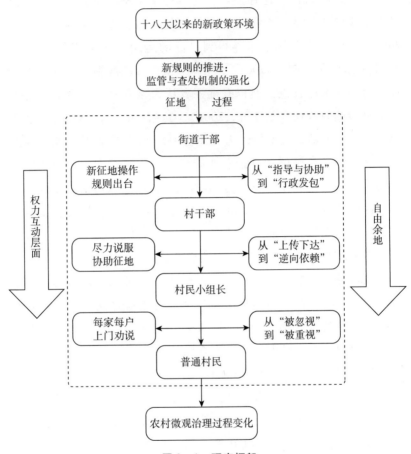

图 2-1　研究框架

二　研究方法与资料

（一）研究方法

费孝通先生指出，针对农村研究可以采用不同的方式，而目前最常采用的方式是实地调查。在实地调查过程中，研究者可以直接观察社会事实，通过深度访谈来获得研究资料，而通过这种方式获得的资料通常具备可靠性与客观性，借助科学的整理和分析能够获得科学性的结论与相对正确的认识。该研究方法符合马克思主义的认识论（费孝通，2005：5）。而实地研究的主要长处也在于能给研究者提供系统的观点，适合分析人所处的地位，以及在此地位上所表现出的行为，田野工作者可以进入他们的世界进行探险，从而获得相关研究领域人们生活、交谈和行为等相关资料（艾尔·巴比，2000；Emerson，1983）。本书的目的正适合用实地研究来实现，通过实地研究，笔者可以到正在进行征地的村庄，直接观察征地过程中的社会现象，有利于了解征地事件发展的阶段和细节，并与征地事件相关的乡镇干部、村干部、农民等建立感情，从而能深入、细致地考察农村征地事件表层以下的有关情况及具体体现，这是间接调查方法所不能做到的。通过实地研究所获得的直接的、具体的、生动的感性认识与更为细致的一手资料也是其他调查方法所不及的。

　　本书具体来说采取的是个案研究，这种研究途径通过聚焦特殊事件，并相对完整地呈现其面貌来达成理解现象、命题概化、理论建构与知识创新的目的（汤京平，2013）。个案研究相比于宏观研究更能够帮助研究者深入被研究领域进行体验，并借助历史、生活和事件观察被考察区域人们的日常生活如何与宏观社会相联系，从而实现以小见大的目的（吴毅，2002）。本书所选取的个案位于江苏省中南部，基于学术惯例，笔者称之为桥村（详见第三章对桥村的介绍）。第一次到桥村是在2014年的11月，在问到陈书记当地的征地概况时，他说：

　　　　像我们这边有一个大的工作氛围，还是不错的，我们经常有城建项目在进行，比如去年这边的河道拆迁，等等。地价老百姓也都知道，总之价格在这个范围之内，相差也不是太大的，老百姓脑子里有这个概念。（访谈，QCCSJ20141130）

　　陈书记的话让笔者对桥村产生了研究兴趣，从他的话中可以看出桥村的征地拆迁事件比较多，有一定的典型性，把这个村庄作为研究农村权力结构的调查点是合适的。另外，之所以选择江洲市三洲街道的桥村，还有几点原因：一是笔者在2010年、2012年分别对江洲市其他镇的拆迁以及失地农民情况进行过调查，因此，在正式开始实地研究之前，笔者对该地区的情况已经有了比较深入的了解，与该市的相关干部也都认识并建立了信任关系。二是笔者是江洲市人，从小在江洲市长大，对于当地的方言、习俗、社会文化等都比较清楚，更能理解一些非本地人难以理解的隐晦说法，更容易发现征地过程中的细枝末节和独到之处。三是笔者有过农村生活经历，对于农村的权力结构以及权力关系有更为感性的认识。

（二）研究资料

由于本书的研究主题是新政策环境下，征地过程中农村权力结构的变化，正如前文所说，权力结构的变化通过行动者连续不断的策略互动来展现。而这一过程涵盖了整个征地事件，时间跨度虽然不算长，但过程曲折，需要收集的资料相对繁杂。因此，本研究的实施前后历时近一年半时间，包括从2014年11月到2016年3月之间在江洲市的三洲街道、桥村以及国土局等进行实地研究三次，共计10个月。第一次实地研究时间为2014年11月，在江洲市征地比较多的开发区、主城区以及国土局等了解当地的征地情况；第二次调研为2014年12月～2015年7月，在桥村参加征地并对征地相关利益主体进行深度访谈以及收集相关征地资料；第三次调研为2015年11月～2016年1月，根据前期调查资料的整理，进一步访谈三洲街道以及江洲市国土局的相关干部并补充与征地相关的法律以及十八大以来的新政策资料。实地研究时间跨越了整个征地阶段，调查内容对征地的背景、过程均有涉及。资料来源以及获取途径如下。

1. 参与观察法

参与观察法是田野作业中最普遍采用的调查方法，要求调查者进行实地研究和现场观察，全身心地投入被调查研究区域的社会生活中，从而直接了解情况与发现问题（蔡家麒，1994）。本书的资料收集正适合用参与观察法来实现，由于征地具有时效性、敏感性的特点，只有在征地事件发生时，参与其中，才能真实描述与分析个案本身所反映的社会事实。

鉴于征地事件的特点，笔者并没有通过"介绍信"的方法进入桥村，而是凭借以往在当地调查中构建的私人关系网络以及与当地征地拆迁相关部门的历史联系进入现场。在参与征地的时候，笔者的田野角色不断变化。在参加乡镇的指挥部会议、桥村的大小会议以及面对镇干部和村干部的时候，笔者的角色是进行参与的观察者，是以调研学生的身份参加的。而在跟随相关人员到村民小组①签协议的时候，笔者的角色是完全的参与者，不表明任何身份，这时，在不熟悉的被征地的农民看来，也许笔者是村里刚来的大学生村官，并不会引起他们的注意与询问。而在需要访谈农民的时候，笔者会跟他们表明自己的身份，即调研的学生。在不同的角色下，征地中的各个主体都给予了笔者很大程度的信任与支持。乡镇以及村干部将笔者视为"家乡人""来村里学习的学生"，从而成为"村委会的人"，除了可以拿到一手的征地资料外，还可以跟随他们去村民小组签订协议，甚至参加"钉子户"的谈判。而很多村民私下会觉得笔者是从大城市来这里调研的，肯定能向上反映一部分情况，于是也会对笔者卸下防备，有很多倾诉的欲望。

2. 深度访谈

除了参与观察法之外，本书还采取了深度访谈的方法来收集资料。因为征地具有复杂性和一定程度的敏感性，光靠参与征地活动并不能充分了解社会现象背后隐含的深层机制，因此，笔者

---

① 桥村的征地涉及 18 个村民小组，笔者根据征地过程的顺利与否，选择了征地过程顺利、有反复以及不顺利的三个小组着重参与。

还采取了半结构式的深度访谈来进一步了解征地的细节以及访谈对象自身的决策与行动。半结构式访谈主要是指研究者提前将研究问题及主题明确，而在实际操作的过程中则根据受访者的回应进行提问顺序和问题方向的调整。也就是说开放式问题是半结构式访谈提问的重要方式（吴嘉苓，2013）。这种提问方式给予了受访者朝各个方向回答的可能性。但是为了达到一定深度，研究者要能够了解事情的脉络，处理多重复杂甚至相冲突的谈话旨趣，善于追问、加问，注意各种情境、意义与历史的特定细节（Rubin & Rubin，2005：35）。

在具体访谈的时候，笔者首先交代自己的身份——调研的学生，在访谈的时候也尽量不去记录，以防给被访者带来压力，访谈的过程大都以"友好的聊天"方式进行。在笔者看来，这样做能更好地了解到行动者的真实想法，也便于考察到事实的真相。根据研究主题，笔者访谈了三洲街道的相关干部①、桥村的村干部②、村民小组长③以及农民④。通过这些访谈资料可以发现在新政策环境下，征地事件所带来的冲击远不只是农民土地的变化，相关行动者之间的策略互动给农村权力结构带来了冲击。具体而言，访谈对象组成为：三洲街道干部与政府部门干部9人、桥村村干部5人、相关村民小组组长（俗称"队长"）3人、村民小组管理人员（俗称"队委"）12人、普通农民24人，对于其中每个群体里的重点对象笔者都深度访谈了3~4次，每次访谈耗时1~2小时，整理了40万字左右的田野资料。

3. 文献收集

在实地研究的过程中，笔者在江洲市政府部门、街道干部、

---

① 街道干部作为基层政府的一员，是征地项目的推动者。

② 村干部是切实推动征地的执行者，也对征地的具体情况比较了解。

③ 在这次征地中，村民小组长成为不可或缺的"关键人物"。

④ 农民主要包括村民小组的管理成员、一些所谓的"刺头"，还有普通村民。

村干部还有农民的帮助下，收集到了很多一手文献，这些文献主要分为三部分：第一部分资料的获取是在 2014 年 11 月，笔者在江洲市住建局获得了该市城区建设规划以及江洲县志，后来在三洲街道，笔者获得了三洲街道志，是了解个案所在地的历史、地理、经济、社会文化状况的重要资料。第二部分资料的获取是在 2014年 12 月～2015 年 7 月，通过与桥村村干部以及街道干部建立友好关系，笔者获得了桥村村志、村委会以及党委组织构成表、网格化管理名单、村干部日常工作分工表、村干部基本情况表、年终各个条口的评分表。还有与征地项目直接相关、相对敏感的材料，包括征地分工包组表、征地工作进度表、年终总结汇报材料、土地补偿协议书（非正式）、个别村民小组的联名信、界址纠纷材料以及征地期间的所有会议①记录。第三部分资料的获取是在 2015年 11 月～2016 年 1 月，笔者在江洲市国土局的相关科室获得了与本次征地项目相关的政策与法律资料以及征地项目土地审批的全部材料，包括征地告知书、征地告知书送达证明、征地调查结果确认书、桥村所有村民小组的土地补偿协议书（非正式）、征地协议（正式）。此外，笔者还在三洲街道以及江洲市法制办获得了十八大以来的所有新政策材料，这些材料的获取为笔者充分把握桥村征地的政策背景提供了有力支持。

---

① 包括征地拆迁动员大会、干部分工包组会议、每周一晨会与三洲街道指挥部会议（因为征地项目的指挥部设在了桥村，所以指挥部会议都在桥村召开）等。

第三章　进入桥村

第一节　桥村的经济地理

桥村所处的江洲市历史并不悠久，最初只有露出水面的几个小沙洲，岛上始有人烟只有400多年。清代末期，江洲始统称太平洲（江洲县地方志编撰委员会，1991）。如今的江洲市地理位置优越，由长江主航道南侧的南沙等四个沙洲组成，为长江三角洲冲积平原的一部分。全市下辖4个镇（新兴镇、隆兴镇、油坊镇和三桥镇）、2个街道（三洲街道和隆兴街道）、江洲经济开发区和江洲高新区。江洲市产业特色鲜明，其乡镇企业起步较早，星罗棋布，遍及镇村。作为江洲市委、市政府的驻地——三洲街道，位于江洲市的东南部，北隔长江主航道与海陵大桥相接，行政区域面积77.16平方公里，下辖16个行政村（桥村、民生村、众城村等）和14个社区，户籍人口11万人。三洲街道的综合实力连续多年位居地级市的"第一梯队"。海陵大桥、新238省道的同步通车，为三洲街道发展服务业提供了巨大空间。随着旧城改造的加快推进以及东部新城框架的拉开，城北科技产业园、生产性服务业集聚区等项目为三洲街道的经济发展创造了新的增长极。但项目"进场"的前提是土地整理的完成，所以在大批量引进项目的同时，三洲街道也面临着大批量的拆迁与征地。

正如上文所提到的，桥村隶属于三洲街道，桥村村名的由来颇有渊源，何谓"桥村"，村民们莫衷一是。一位桥村 81 岁的戴则清老师对桥村的历史有过研究，他指出，桥村的名字与村里的桥有着直接的关系。

> 江洲人民都知道，三洲镇有条港叫三墩港（即三洲大港），而对于三墩港现在却鲜有人知。解放前，三墩港水路途经原桥村、河南、群英、新华、东方大闸，最终灌入夹江。在原桥村这个地方，当时有一座桥叫三径桥。之所以叫三径桥，是因为这座桥地处交通要道，名气很大，连接着三条道路，东至江边、西至三洲、南至三跃。江洲人喊"三径桥"时间长了，加上这座桥坐落在三墩港上，就喊成了"三墩桥"，再后来就简称"三桥"。60 年代，江洲县人民政府将这方地域正式命名为"桥村"。还有一种说法，就是三墩港水路经过原桥村这个地方时，共有三座桥，除三径桥外，还有四平桥和合兴桥这两座桥。当时这三座桥全是由黄石建筑而成，每块黄石长约 4 米，宽约 1 米，厚约 30 厘米。在那个年代，这三座桥连接这三墩港两岸老百姓的人情往来，在老百姓心目中有着重要的地位。所以，民间也有一种说法，桥村是因这三座桥而得名。（田野笔记，DZQ20151229①）

现在桥村由原来的河南、博爱、三桥三个村于 2001 年合并而成，地处城郊，东起锦程村，西至江洲大道，南连众城村，北临扬子河区域，面积近 2.5 平方公里。村下辖 30 个居民小组及一个花园新村。有住户 1286 户，总人口 4456 人，其中在册农民 2288 人。村党总支下设两个党支部，共有党员 123 名。全村现有民营企

---

① 田野笔记根据田野现场笔记或事后笔记整理；田野笔记编号按照田野主题、参与田野年份、月份、日期排列。

业 16 家，产品以四氟、尼龙、塑料件、电器、工程机械配件为主，2014 年全村工业总产值达 3.5 亿元。桥村的组织健全，设有党总支、居民委员会、居民代表大会等。村居委会下设服务工作委员会、人民调解委员会、治安保卫委员会、残疾人协会。并建有服务站、职介大厅、警务站、老年活动室、图书阅览室、文体健身广场等设施。除了组织健全外，桥村的村级事务和各个条口的工作完成得也比较出色，连续多年获得地级市"示范社区村""民主法治村""农村集体财务规范化管理示范村""江苏省生态村""江苏省卫生村""义务兵好单位""江洲市先进基层团组织"等荣誉称号。

桥村是江浙沪地区的典型村庄，再加上江洲市的历史相对较短，所以桥村并没有深厚的宗族文化。根据《江洲县志》中的介绍，江洲居民姓氏颇多，有张、王、李、赵、朱、方、姚、金、陈、薛、杨、仇、黄、孙、周等主要姓氏。在新中国成立前，男女姓氏有随婚嫁而更易的。女方嫁到男方，其姓改为男方姓氏，如女方婚前没有名字，婚后即在自己姓氏前面加上男方的姓，如"张（男姓）王（女姓）氏""李（男姓）赵（女姓）氏"。男性入赘，男方亦有随女方而改姓，所生子女则用女方姓。各姓子孙繁衍，逐渐分居而演为村、埭者，则其村、埭、圩的地名亦往往以姓氏命名。如郭家埭、田家桥、王家水圩、张家村、唐家弄、陆家墩子等。又因各姓子孙多聚族而居，故宗祠多建于其姓氏集中处或其邻近地带。新中国成立前，宗祠多用于办学或其他公共用房，有些从其他地方迁来的，虽几代繁衍但宗祠却仍在外地。新中国成立前全市有宗祠 84 所。宗祠内供奉始祖和各房祖先的牌位，一般于清明节或商定日期开祠祭祖、拜祖。各宗祠均有为数不等的田产，收入用于办理族事。各宗祠设族长，管理祭祀、族产、编纂谱牒等族事，处理族中纠纷。虽然在新中国成立前，江洲市有一定的宗族文化，但是在众多姓氏中并没有突出的宗族性力量。新中国成立后，江洲市的宗祠大多被拆毁或另作他用，使得原本就不深厚的宗族文化几乎消失殆尽。

除了弱宗族文化外，与中国的大部分城市一样，江洲市也没有浓厚的宗教文化。在新中国成立前，江洲人多信佛教、道教。全县共有寺庙23所，宫观6所，神祠29所，有和尚153人，道士21人，还有少数尼姑。但新中国成立后，当地的庙宇大都被拆除或者改为村办小学。所以相较于宗族势力或者宗教势力相对较强的地区如湖南、江西等地，桥村并不存在传统意义上的社会精英，诸如宗族精英或者宗教精英等非体制内精英。由于桥村的经济发展整体水平相对较高，人均收入相差不大，所以其经济社会分化程度比较低。也就是说，在桥村几乎没有能与体制内精英竞争的体制外精英，除村干部以外，缺乏在全村范围内具有影响力的人物。在具体的村民小组，组里的村民都是熟人甚至是亲戚，他们彼此熟悉，对于村里每个人的能力和品质等，村民们都了然于心。通过长期的交往，村民小组中的地方性规范——道义制约着村民的行为，也成为衡量精英的标准。在桥村的村民小组，有影响力的人物往往是在"道义"上站得住脚的，在日常村民小组琐事的处理上有责任心、公平、公正，能积极主动为农民办实事的人，但是他们影响力的范围也仅限于所处的村民小组，而这类精英中的佼佼者往往被选作队长。

第二节　村级组织核心：村党支部

在我国，虽然施行了基层自治，但是国家依然十分强调党在农村社会的领导地位，始终重视基层党组织建设。中共中央在1994年颁布的《关于加强农村基层组织建设的通知》中明确提出，党支部必须加强对村民委员会的领导，并积极鼓励和支持村委会工作的依法开展与实施。在1999年颁布的《中国共产党农村基层组织工作条例》中，中央政府明确提出村党支部是党在农村的基层组织，是党在农村全部工作和战斗力的基础，同时它也是基层各个组织和各项工作的领导核心。2012 年最新修订的《中国共产党章程》第五章第三十一条规定，街道、乡镇中党的基层委员会和村、社区党组织是社会组织中党的战斗堡垒，也是党工作和发挥战斗力的核心。也就是说，按照国家规定，村党支部和村委会之间是领导与被领导以及政治领导权与村民自治权的关系。在强调领导权的同时，相关规定并没有强调基层党组织对社区事务的制度性权力和领导。根据《村民委员会组织法》的相关规定，中国共产党在基层农村处于领导核心地位，依照国家的法律法规，鼓励和支持村民委员会合理地行使自治与民主权利。也就是说，按照国家的规定，村级党组织和村委会是两种不同的组织，虽然是领导与被领导的关系，但工作的重点完全不同，村级党组织在保证党的领导的前提下，需要保障村委会充分行使民主权利和开展自治活动。

但是村级组织的实际运作却偏离了国家的规定，在现实生活中，村党支部拥有高于村委会和其他村级组织的管理权和决策权。村党支部也在事实上成为农村社会的权力中心并在村级组织中处于领导核心地位（于建嵘，2002）。而且这种"党强村弱"的局面已经成为农村权力结构的常态（郭正林，2005），三洲街道的桥村也不例外。在桥村，虽然在组织结构（见图 3 - 1）上村党支部和村委会是两个组织，但其实是"一套班子"，彼此交叉任职，"一元化"[①] 运作，而且村党支部书记总管村级事务，掌握着决策权和裁判权，发挥着领导性作用，是事实上的"一把手"，而村委会主

---

① 全国范围内的村级"一元化运作"始于人民公社时期，这种体制极大地强化了党对公社的一元化领导，大队一级的权力完全集中于党支部书记手中，党在农村管理的一元化领导方式逐步得到了加强。虽然如今的运作模式没有传统的"一元化运作"那么极端，但是村党支部在村级组织中的地位依旧无法撼动（校秋林等，2011；吴鹏，2006）。

任则是村党支部书记的"代言人",是协助其工作的"二把手"。桥村党支部在村级组织中的核心作用主要体现在桥村的组织结构和村干部的具体分工上。

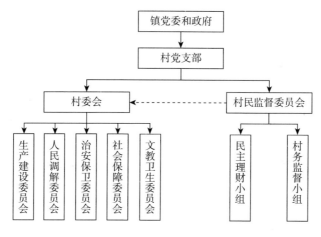

图 3 - 1 桥村的组织结构

说明：1. 实线箭头表示甲领导或管制乙；2. 虚线箭头表示丙表面上监督乙，事实上不存在监督与被监督关系。

桥村的村党支部副书记由村委会主任（村长）担任，村党支部副书记及纪委书记由村委会"二把手"委员，也就是村级会计担任，由此可以看出，桥村的村党支部和村委会主要管理人员的高度重合。除此以外，村民监督委员会的主任也由村第二党支部的支部书记担任，这种做法违背了国家的规定。按照《村民委员会组织法》第十七次会议修订规定，应当根据相关要求建立村务监督委员会或者其他形式的监督机构以实现村民民主理财和村务公开等目的。该规定对监督机构的成员也有严格的要求，成员中必须要有村民参与，通过村民代表大会由村民投票选出，民主的评议大会同样每年至少要举行一次，由村务监督机构主持实施。村民委员会中的成员如果连续两年不合格，将撤销其委员的资格。而桥村直接指派了村党支部的成员担任村民监督委员会主任，这种做法使得村民监督委员会形同虚设，由于村委会直接对村党支部负责，在村党支部控制下的村民监督委员会自然不会对村委会进行实质性的监督。

除了组织结构直接体现村党支部的绝对领导之外，村干部的具体分工也展现了村党支部的核心地位。目前桥村的村干部主要分为定额干部与误工干部，其中定额干部主要是村党支部书记、村党委委员、村委会主任以及村会计，误工干部为村妇女主任、村调解主任以及一般工作人员。定额干部即镇管干部，通常由三洲街道发放工资，除定额干部外的村干部的工资和奖金以及定额干部的奖金由桥村进行发放。《三洲镇村干部规范化管理实施办法》（镇委发〔2006〕90号）规定，镇党委可以视情况对村党组织书记、副书记、委员和村会计实施考察任命。在桥村，通常村委会的"班子"由村民投票选举产生，而村党委书记则在街道的授意下通过党员选举产生，也就是说，作为村级"一把手"的党委书记人选必须要经过三洲街道的审核。桥村的重大事务主要由村党支部书记、村委会主任以及村会计等定额干部负责。在《桥村2014年村干部的职责岗位要求》中，村党支部书记陈书记主要负责全村的党支部工作并全面指导全村工作；村委会主任王村长主要负责行政工作，主抓村建土管和计划生育；村会计、党委副书记、纪委书记林会计主要负责村级财务、纪检、人社辅导、党务台账指导以及担任桥村二桥片的联队会计；党委委员印书记主要负责村庄环境、物业管理、工会、文明卫生支付复查、企业垃圾费收取；党委委员方书记主要负责综合治理、绿化造林管护和暂住人口垃圾费收取。误工干部中的妇女主任石主任主要分工妇女和计划生育以及计生协会工作；调解主任朱主任主要分工社保、调解、环保、河南片的联队会计、河南片的村建土管巡查和违章处理以及配合联防。

除了各个条口的工作外，桥村还对30个村民小组进行了

"网格化"管理，其中，村党支部书记陈书记担任第一负责人，村委会主任王村长担任第二负责人，而三桥片、河南片以及博爱片的片长则分别由村会计、党委副书记、纪委书记林会计、村党委委员陈书记和村党委委员印书记担任，其他的村干部都被分配到各个片区，一个人负责两个村民小组，各个村民小组的联络员为改组的村民小组长。村党支部在村级管理上的权威还直接反映在了任期目标上，通常行政村的任期目标责任书采用的标题都是"两委"任期目标，而桥村在2013年至2016年的任期目标责任书的标题是"桥村党委"任期目标。在任期目标的具体内容中，除了党建目标之外，主要经济目标和"为民办事"的具体村务目标均有所体现，这些内容都直接表明了桥村的"一元化"管理体制。

依据《村民委员会组织法》的相关要求，在村级组织管理中要坚持"自我管理、自我服务、民主决策、民主管理"的基本理念，而乡镇政府和村委会之间是一种指导和协作的关系，并不是上下级隶属关系。从客观上说，该法律的出台带来的是一种更为民主的乡村关系，但事实并不是这样。从桥村的情况来看，桥村党支部在村级事务中的绝对性领导在一定程度上加强了基层政府对村一级的控制，这种控制加强的直接性后果就是在征地、拆迁等重大事件中，相较于农民"代言人"，村干部更愿意作为基层政府的"代言人"去贯彻各种组织目标。也就是说，在具体事件中，基层政府不但没有退出乡村治理，反而通过管理村党组织，利用村党组织在村级组织体系中的核心地位，加强对村级事务的治理。

第三节　桥村的征地史

桥村属于城乡接合部，近几年来，随着城市建设进程的加快，征地拆迁、经济发展、环境整治、物业管理等方面的任务相对繁重。有关城乡接合部的理论早在 1898 年霍华德的田园城市理论中就有所体现，其对城市地域结构的划分和城乡之间区域的划分都初步展现了城乡边缘的特点。后来杜能环和伯吉斯在同心圆理论中更为明确地提出了城乡边缘区域特点。在 1936 年，城市边缘区（standstradzone urban fringdge）的概念被地理学家哈伯特·路易城明确提出（罗彦等，2005）。大部分国外学者都从地理位置的角度出发对城乡接合部进行界定，他们认为城乡接合部既有城市用地又有农村用地，在这片区域，城市与农村没有明确的界限，两地的建筑也融合在一起（埃弗里特·M. 罗吉斯等，1988）。

江洲市是从农村发展起来的城市，虽然三洲街道地处城区，但是在其规划区内，仍有大部分集体土地，而当前桥村的土地中既有一部分国有土地，又有一部分集体土地，而且属于江洲市的政治、经济中心——三洲街道管辖，所以桥村是典型的城乡接合部。除了地理位置处于城乡接合部之外，桥村还兼有城市与乡村的两种生活方式，因此与纯粹的农村社区和城市社区都有所区别。在桥村，尽管农业生产已经不是主要的经济生活方式，但仍有部分居民进行农业生产。同时，经历过征地的桥村村民部分耕地或者土地已经被征收，但没有被征地的农民依然拥有宅基地和少量自留地。

城市化推进的一个鲜明特点就是在空间上向城市外围拓展，再加上为拉动 GDP，需要大批量引进企业项目，这就必然带来城市用地规模的不断扩大。城乡接合部地区由于与城区接壤的特殊地理位置而成为城市扩展土地来源的重要选择。我国与土地相关的法律法规显示，任何单位和个人需要使用土地进行建设的，都必须依法申请使用国有土地。而在城乡接合部，想要发展的话，就必须大规模征收土地，将集体土地变为国有土地。这就不可避免地引发了城乡接合部大规模的土地征收。随着三洲街道城市扩张的规模越来越大，桥村的征地面积不断增加和征地频率也不断提高。在 2009 年，桥村经历了第一次大规模征地——海陵大桥项目。当时需要征收桥村 205 户 400 亩土地，每亩地的征地补偿是 45000 元。2010 年 238 省道改线续建工程在桥村开展，涉及的土地是 100 亩，每亩地的征地补偿是 55000 元。2013 年扬子河改造工程涉及的土地是 150 亩，扬子河项目的土地补偿是每亩72000 元。从项目名称上可以看出，从海陵大桥项目到扬子河改造工程都属于事实上的公益项目。按照《中华人民共和国宪法》明确规定，为了公共利益国家可以根据相关规定进行土地征收工作，但是要给予相关补偿。而《中华人民共和国土地管理法》中也明确指出任何单位和个人进行土地使用和建设都必须依法申请国有土地，而乡镇企业或者村民建设住宅等经过批准使用本集体经济组织农村集体土地的以及经批准建设乡镇和村公共设施而使用上述土地的情况除外。而规定中所提到的国家土地包括国家所有的土地以及国家征收的原来属于集体范畴的土地。这两部法律都同时提到了公共利益，但是对于其概念和适用范围都没有明确的界定。桥村的村干部在自行判断项目性质的时候，都将招商引资等视为企业项目，将公共事业等视为公益项目。

三洲街道的征地始于 20 世纪五六十年代，当时土地征收采取的是"一平二调"① 的方式，也就是说对被征地农民没有物质补偿，而是通过减免农业税、核减耕地计划等办法来进行补偿。到了 80 年代，随着征地规模的扩大，国家的征地政策也开始逐步完善，当时规定可征地的权限，按照政府的级别进行分级，比如，

---

① "一平二调"通常是指在新中国盛行一时的农村基层组织"人民公社"内部所实行的平均主义的供给制、食堂制（一平），对生产队的劳力、财物无偿调拨（二调）。由于基层农民对一平二调的反对，毛泽东在 1960 年 11 月 28 日批示《永远不许一平二调》（中共中央文献研究室，2009）。而征地中的"一平二调"强调了其"无偿"的含义。

县级人民政府，批准的权限是耕地不超过三亩；地级人民政府，批准的权限是耕地不超过十亩。除了征地权限的规定外，还将征地补偿方式规定为"劳力安置"，根据"土劳比"（征地前的耕地面积与劳动力的比例），安排符合招工条件的农民到集体所有制单位或者到全民所有制单位就业。除了安排就业外，也可以相应转变户口，户口报给县级政府，在工作安排后，农村户口可以转为城镇户口。在"一平二调"和"劳力安置"的年代，征地签字采取的都是村一级签字的方式，不需要队长、队委签字，只需要村一级统一签字即可。

到了1995年，市场经济逐步发展起来，征地安置方式也有所转变，开始增加了劳力安置费用。当时是每人5000元，同时不再安排工作，但户口可以变为城镇户口，同时可以一并享有在城镇上学和城镇户口粮油的优待。经过1995年的过渡，从1996年开始，征地补偿彻底变为"货币补偿"，有了明确的补偿标准。当时规定征地补偿由土地补偿费、劳力安置费、青苗及附着物补偿费组成，并且补偿标准也在逐年提高。与补偿标准一起改变的还有征地签字方式，由于征地补偿方式的改变，征地矛盾也在逐年增加，村一级已经无法代表全村农民的意见，之前的签字方式引发了诸多纠纷。我国1986年制定并颁布的《土地管理法》中规定，农民集体所拥有的土地都依法属于农民所有，农村集体经济组织或者村民委员会负责集体土地的管理。分属于两个以上的农村集体经济组织的集体所有土地由村民小组或者每个村的集体经济组织管理，而乡镇集体土地则由乡镇集体经济组织负责管理。也就是说，土管法明确规定了集体土地为村民小组、村、乡（镇）三级所有，而村民小组为基础。根据土管法的规定并结合江洲的实际，在1996年之后，江洲市在全市范围内逐步采取村一级和村民小组代表（队长与队委或者队长）共同签字的办法，来推进征地，这个签字办法一直沿用至今。截至2013年，桥村征地采取的都是三洲街道一贯的签字方法，但是 2014 年，在遭遇第一个规模最大的企业项目征地时，这种签字方式在三洲街道的授意下，发生了变化，三洲街道将签字范围扩大到了村民小组的每家每户，除此以外，签字率还要求达到至少 80% 。而签字方式也就是操作性规则的改变也给村干部、队长以及农民之间的策略互动带来了变化，从而在一定程度上改变了桥村的权力关系结构，也对桥村的政治生态产生了影响。

第四节　桥村征地项目：2.5 产业园概况

在增加地方收入和增加升迁概率的双重激励下，地方党政官员努力提高本地区 GDP 和相关经济与社会指标的排名，热衷于招商引资，进行城镇建设以发展工商业。《中华人民共和国土地管理法》明确规定，任何单位和个人使用土地进行建设都必须依法申请国有土地。也就是说，如果城乡接合部想要发展的话，必须要大规模地征收土地，将集体土地性质变为国有土地。这种对 GDP 的追求和国家土地制度的限制直接引发了举国上下声势浩大的征地与拆迁。2008 年出台的《城乡规划法》更是为地方政府的"圈地运动"提供了便利，该法规定县级以上的地方政府可以根据当地的经济社会发展情况，因地制宜地制定乡以及村的规划区域。尽管该法要求乡镇规划以及村庄规划都应该与土地利用总体规划相衔接，但是地方政府完全可以按照本地的经济社会发展情况制定总体规划，然后打擦边球，"依法"规避土地利用总体规划的限制。"规划先行"的策略是许多地方政府规避国家土地利用限制的"有力武器"。

一　东部新城规划与 2.5 产业园

身处发展浪潮中的江洲市政府规划了多个新城区，其中，东

部新城规划响应了国家和江苏省发展生产性服务业①的要求，是新
城区规划中规模最大的一个，也直接引发了本次的土地整理。

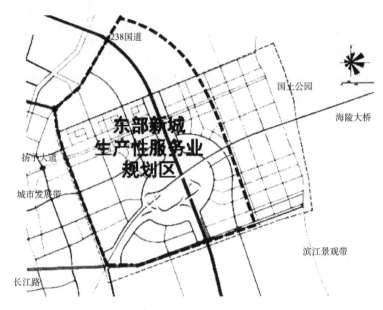

图 3 - 2　东部新城生产性服务业规划区地理边界

资料来源：该图摘自《江洲市东部新城生产性服务业发展规划》。

　　根据《江洲市东部新城生产性服务业发展规划》的介绍："东
部新城（见图 3 - 2）位于江洲市三洲镇东部，紧临 238 省道，海
陵大桥穿园而过，是江洲与海陵两大城市圈的交通中心。新城以
力图成为区域的生产服务中心为产业发展目标，在功能上力图成
为城市东部生活性服务次中心，展现江洲滨江门户节点的新形象，
文化上建设为新城镇发展示范区，生态方面以低碳绿色田园为主

---

① 美国经济学家 Greenfield（1966）在研究服务业及其分类时，最早提出了生产
性服务业（producer services）的概念。我国政府在《国民经济和社会发展第十
一个五年规划纲要》中将生产性服务业分为交通运输业、现代物流业、金融服
务业、信息服务业和商务服务业。因为介于二产与三产之间，所以生产性服务
业又被俗称为"2.5 产业"。

要依托，致力于发展为展现江洲先进性生产力、人民生活富足、自然生态示范区、现代时尚江洲精神的窗口。新城是一个既拥有长江岸线，又地处交通节点的生态型、精致型、科技型城区，以产业发展为先导，依托港口、大桥所带来的独厚优势，力争成为江洲发展先进生产力的重要集聚地，成为辐射周边地区的现代服务业高地。"

在 2012 年年初，为了加快东部新城建设，江洲市政府提出了建设 2.5 产业园的目标。根据市政府的规划，该园区主要致力于现代物流业、信息服务业、新技术研发创意业、商务服务业、金融服务业等多种类型服务业共同发展，打造富有潜力与活力的生产性服务业产业园区。其中，在现代物流方面建立现代物流园，对接周边物流园区，将其打造成为物流信息中心和交通调配中心的现代物流中枢；商务服务业包括总部 ABP 基地、商务办公区，形成全方位多功能的商务服务体系；新技术研发创意产业包括产业服务区、新技术研发区，其功能构成主要为生产力服务中心、职业教育培训、行政办公、配套服务和创智天地、电子电器科技研发、电子产品孵化基地；信息服务业主要发展电子商务支持服务、信息传输服务、信息技术服务；金融服务业方面，以商业银行服务、资本市场服务、生产性保险服务为主要依托，建设功能完善的金融服务体系。除了相关产业要求之外，江洲市政府还特别提出了产城融合的定位，将产业与城市相结合，以街区的形式规划项目。由于东部新城主要在三洲街道的辖区内，所以 2.5 产业园的项目主要由三洲街道来负责实施，而市政府会为三洲街道提供生产要素供给上的便利，比如土地、电力、基础设施等。

二 "际华目的地"项目

由于 2.5 产业园是生产性服务业集聚区，所以三洲街道在引进项目的时候有诸多限制，只能引进 2.5 产业园项目或者是偏重三产的项目，只有符合产业园规划的项目才能在 2.5 产业园落户。目前，在建的 2.5 产业园项目有四个，其中，由北京中兴新泰科技发展有限公司投资建设的中兴通讯物联网产业园项目于 2013 年 10 月正式签约。现代物流园建筑面积 19 万平方米，预计投入 13 亿元人民币。在 2014 年 6 月，2.5 产业园迎来了投资最大的项目——际华目的地项目，总投资预计 35 亿元。该项目的引进得益于三洲街道的地理位置。际华集团进行项目布点的要求是要邻近高速公路，而海陵大桥互通恰好在三洲街道的辖区范围内，所以该项目最终选择了在 2.5 产业园落户。

根据三洲街道提供的项目资料，际华目的地占地约 800 亩，总投资约 35 亿元，已作为全省六个商贸商务类项目之一入省政府 2015 年 200 个重大项目名单。该项目主要由时尚购物中心、室内外休闲运动中心、精品酒店、商务办公、体育公寓、特色餐饮等组成，总建筑面积约 30 万平方米。时尚购物中心由际华集团与欧洲运营商 Arcoretail 公司合作运行管理，目前已签约引进 100 多个世界一、二线品牌（均为直营店）；室内外休闲运动中心设有攀岩、冲浪、风洞跳伞、极限赛车、篮球运动中心、卡丁车赛道、温泉中心等运动项目，并建有体育公寓、总部楼宇。该项目辐射 1.5 小时生活圈，覆盖南京、无锡、南通等周边城市，力争建成长三角地区有影响力的旅游文化、休闲运动、商贸商务目的地中心。该项目分为两期建设，一期项目占地约 500 亩，主要建设时尚购物中心、体育运动中心、宾馆餐饮。项目全部建成后预计年消费人次达 400 万元，营业收入达 80 亿元至 100 亿元。

际华目的地项目的地点位于 2.5 产业园的西南侧，具体位置是三海高速与永勤河交界处向东方向。在项目地点确定后，由三洲街道全权负责征地和拆迁工作，相关费用也由三洲街道先行解决。企业在土地挂牌签约后将佣金支付给江洲市政府，市政府再将相关费用提供给三洲街道。在进行征地、拆迁之前，三洲街道首先需要解决的是资金问题。老百姓在签字之后，都希望尽快拿到征地、拆迁补偿款，资金充裕是推进征地、拆迁的前提。在街道有专门负责融资的部门，通过政府融资平台进行资金的筹措，但并不会单独为一个项目来融资，通常都是一起筹备几个项目的资金。由于筹措的资金分批到账，比如 20 亿元的资金会按照预先的规划分批到账，所以街道需要在征地、拆迁启动前，预估推进后不同阶段的费用，防止出现农民签字后迟迟拿不到补偿的情况。

第四章　规则的变化：从宏观政策到基层实践

　　组织为了实现持续运作的目标往往会选择采用各种规则对组织成员进行协调与约束。而在韦伯对于"科层制"的阐释中，规则更是被视为权力以及行动的首要原则，任何科层制组织中的行动者权力的行使都必须受到规则的明确制约（韦伯，2006）。也就是说，宏观规则构成了组织中个人行动的基本约束条件，在一定程度上建构着行动领域并且对实际行动进行塑造。而对于具有科层组织性质的基层政府来说，国家宏观规则的变化会直接造成地方性规则制定以及地方官员行为的变化。但是，由于规则实施的"不确定性"特点（费埃德伯格，2005：147），这种变化并不完全意味着行动者的行动会完全按照宏观规则的要求来展开，新规则虽然对行动者的行为带来了限定与约束，但也为行动者提供了新的机会主义空间（魏沂，2001）。

　　具体而言，宏观规则的变化主要包含三个方面的内容：①在没有规则的情况下，建立新的规则；②在已有规则的基础上，对规则进行改革与调整；③将已有的规则，重新激活并实施。党的十八届三中全会将完善和发展中国特色社会主义制度，推进国家治理体系和治理能力现代化作为全面深化改革的总目标。国家治理体系和国家治理能力是相互依存和相辅相成的，也是国家制度与制度执行能力的体现，好的国家治理体系是治理能力提高的基础，而国家治理能力的提升则能够更好地发挥治理体系的作用（中共中央宣传部，2014）。中共中央以政治制度建设、党员干部作风建设、民生建设、经济建设等为突破点，进一步深化经济与政治体制改革，逐步形成了以法治化、规范化、制度化为特点的政治体制。

第一节　新形势的基层政策环境

国家层面宏观规则的调整在基层政权的落实主要体现在"服务型"政府的转变以及政策执行"依法、依规"的新要求。此外，为了保证新规则的推行，针对党员干部的监管与查处力度明显加强。

一　"服务型"政府的建设

在马克思主义思想的指导下，中国共产党在成立初期就确立了"全心全意为人民服务"的宗旨。以"为人民服务"为基础的群众路线一直是党的核心路线，贯穿整个革命、建设与改革。在1945年，中共第七次全国代表大会中，群众路线的基本精神被写入党章。在1981年召开的十一届六中全会上，第一次明确将"一切为了群众，一切依靠群众，从群众中来，到群众中去"作为对群众路线的概括，明确了群众路线的内涵，进一步区别了群众路线与群众运动。在20世纪80年代以后，我国改变了以政治为中心的发展方式，进行了大规模的经济改革，实行对外开放，奠定了以经济建设为中心的发展基调。"不管白猫黑猫，能抓到老鼠的就是好猫"，在邓小平理论的指导下，我国社会发生了翻天覆地的变化，经济发展水平与改革开放之前相比，有了质的飞跃。

但是，为了发展经济，逐渐在基层形成了以地方GDP为主要评价标准的晋升锦标赛模式（周黎安，2007）。为了政绩与个人晋升，一些地区出现了基层政府片面追求经济增长与地方发展的问题，这不仅带来了土地过度利用、环境污染、经济结构不合理等地方发展性的问题，还不可避免地造成了对群众利益的忽视。在"唯 GDP"的发展模式下，一些地方政府主要发挥的是"管理"职能，以带动地方 GDP 的增长为主要任务。一些地方官员不积极了解与解决群众各方面的困难，也不愿意听取群众提出的意见，因为这些都与政绩无关。同时，基层的考核制度也过于强调经济指标的实现，甚至在发展的过程当中，即使有一些违规行为，只要不过分损害群众的利益，都被允许发生，所谓"一好遮百丑"。

正是在这种背景下，2013 年，中共中央决定用一年左右时间，在全党自上而下开展群众路线教育。群众路线教育是对毛泽东思想中"群众路线"理论的进一步升华，而新时期的群众路线教育在"二十二字方针"的基础上，增加了"为民、务实、清廉"并将工作重点集中在党风建设，提出了要解决官僚主义、享乐主义、形式主义和奢靡主义的问题。习近平总书记在党的群众路线教育实践活动工作会议上提出，群众路线是我党的生命线，也是一切工作的根本。只有充分依靠人民、调动最广大人民的主动性、创造性和积极性才能够完成，十八大目标以及中华民族伟大复兴的目标为了进一步强化基层服务型党组织的建设，在群众路线教育实践活动进行过程中，中共中央办公厅为此下发了《关于加强基层服务型党组织建设的意见》，要求进一步强化基层党组织的服务功能，构建服务格局，提高服务水平。

而基层政府的群众路线教育活动则从 2014 年年初开始普遍开展。2014 年 2 月 13 日，江洲市颁发了《关于深入开展党的群众路线教育实践活动的实施意见》（江政发〔2014〕4 号），提出了"三围绕三解决"的要求：①围绕"四查四治四扎根"的要求，解决"四风"突出问题①；②围绕群众实际要求，解决直接联系服务群众"最后一米"问题；③围绕提高做好群众工作能力，解决服务型党组织建设方法载体问题。经历了为期8个多月的群众路线教育以及群众各方面的意见回馈整改，三洲街道的干部更"接地气"了，相较于过去的"高高在上"，满是管理者的"习气"，逐渐向"服务型"干部转变。三洲街道贾主任说：

> 群众路线是种教育活动，是思想路线，能够让干部的灵魂升华，要让为人民服务变成一种自觉的行动。党的教育，纪律的压缩，还有老百姓的呼声迫使你更接近群众，到群众中去，了解群众的呼声。在群众路线教育活动中，要求老百姓提意见，意见包罗万象，既有对组织的建议，也有对于我们领导工作方面提的要求，有问题的地方，我们需要改正。群众路线搞完以后，干部变得更加接地气了，能够更为主动地了解老百姓的疾苦，群众的需求。随着群众路线教育的进行，对干部的要求更高，我们过去讲的政府是管理型的，现在更强调服务型，群众诉求我们要放在第一位，所有的工作一定要围绕着群众的需求。原来更重要的是听我的话，我要做什么事情了不考虑群众，比如说生产队里，这个河要清一下，水泥路坏了要重新整修一下，以前这个事情我不愿意去做，但是现在老百姓找到你的时候你就要有这样的意识，就要及时去办。（访谈，SZJDJZR20160125）

贾主任的话充分展现了基层政策环境的变化，在国家制度性规则改变的影响下，基层政府也不再把经济增长与城市建设作为第一追求，而是在发展的基础上更多地考虑群众的利益与诉求，

---

① 该要求针对县处级领导班子、机关部门、执法监管部门、镇（街区）、村和社区等基层组织、普通党员这六个层面都分别有详细的规定。

由过度追求量的提高逐渐向寻求"量责并举"过渡。与此同时，基层政府的角色也发生了变化，由原来的"管理型"、需要群众配合政府工作的状态逐步向"服务型"转变。

二 对"依法、依规"政策执行的新要求

十五大明确了将依法治国作为党领导人民治理国家的基本方略。1997年出台的十五大报告提出了必须坚持依法治国的理念，建设社会主义法治国家，这也标志着依法治国成为党领导人民治理国家的基本方针战略。1999年召开的第九届全国人大二次会议通过了《中华人民共和国宪法修正案》，其中明确提出了我国要实施依法治国，建设社会主义法治国家，这个举措使得依法治国基本方略得到了宪法的保障。

虽然自依法治国提出伊始，历届政府都有所强调，但依法治国基本方略在基层落实得并不到位。依法治国在基层主要表现在对依法、依规行政的要求，但在实际工作中，普遍存在政策执行过程中"弹性"过大，也就是自由裁量空间过大的情况。而且在很多情况下，这种自由裁量空间过大的错误行为被"促进地方发展"所包装，不但不被批判，反而因为带来经济效应被包庇，甚至成为一种约定俗成的工作方式。

江洲市国土局银局长："总的感觉以前在干工作的过程中，为了发展，假如没有损害群众利益的话，即使在工作中有一点失误，这是可以理解的。当时有这样一个现象，从土管上来讲，所有地方政府的领导，因为土地违法被追责的都提拔了，因为都是为了地方发展。还有比如说，以前出让金缴不起就发土地证了，100万元买了地，交了98万元，还有2万元没交，土地证就发给你了。也就是说，只要是为了发展，上级可以包容一些，过了一点，甚至权钱交易都是包容的，

不会处理你的。"（访谈，GTJYJZ20160123）

　　银局长的话充分反映了基层自由裁量空间过大的情况，主要体现在两个方面：首先，不遵守相关法律以及规定。这种不遵守主要体现在执行的标准不严格，甚至直接违背。其次，处理违反制度行为的标准不严格。对于同一种行为，既可以不追究，甚至成为平步青云的踏脚石，也可以一查到底甚至从重处罚。只要理由是"为了发展"，就能成为"打法律擦边球""违反相关规定"，甚至是"违反法律"的挡箭牌。在很多情况下，并不是相关法律或者规定不完善，而是部分基层干部执行政策时的随意性使得相对完善的规定形同虚设，这种做法不仅破坏了制度的权威性和强制性，更在一定程度上造成了社会的动荡。

　　面对"有法不依""执法不严""徇私枉法"等各种问题，十八大之后，不仅延续了将依法治国作为治国基本方略的重要地位，还进一步明确了推进依法治国的相关要求，切实加强了依法治国在各级政府中的推行力度。2014年10月，中国共产党第十八届中央委员会第四次全体会议首次专题讨论了依法治国相关问题。10月28日颁布的《中共中央关于全面推进依法治国若干重大问题的决定》提出了以下几点要求：①坚持中国特色社会主义道路，构建中国特色社会主义法制体系；②完善以宪法为核心的社会主义法制体系，加强宪法落实；③深入推进依法行政，加快法治政府建设，推动政府在党领导下沿着法制轨道开展工作；④确保司法公正，提高公信力；⑤加强法制团队建设；⑥增强全民法制意识，推动法治社会建设；⑦加强党对全面推进依法治国的领导。

　　依法治国在基层的体现——依法、依规行政的推行主要从2015年开始全面展开。2015年1月6日，江苏省政府发布了《省政府关于推进依法行政加快建设法治政府的意见》（苏政发〔2015〕1号）（以下简称《意见》），该《意见》对如何深入推进依法行政、加快建设法治政府提出了明确要求。江洲市各级部门在《意见》出台后，也都在 3 月发布了该年的《依法行政工作要点》（以下简称《要点》），该《要点》大都围绕如何加强基层政府工作制度化、规范化、程序化展开。在 2015 年 12 月 27 日，中共中央国务院又印发了《法治政府建设实施纲要（2015—2020 年)》，进一步明确了法治政府建设的总体要求、主要任务以及具体措施。除了我国政府从上而下对依法治国的强力推行之外，老百姓伴随着依法治国推行而逐步提高的法律意识也迫使基层干部在政策执行过程中必须要遵循相关法律和规定。依法治国推行后，"民告官"案例在江洲市层出不穷，这些案例都在不断督促基层干部在工作中要依法、依规，及时改进以前一些不符合法律规范的工作程序或者方法。

三 新规则的推进：监管与查处机制的强化

总的来说，无论是"服务型"政府的转变还是政策执行的"依法、依规"的新要求都体现了对于干部权力的压缩。我国正处在经济改革的转型期，而改革开放以来对于经济发展的强调，使得我国的干部群体中存在权力过大以及不受制约或者制约不到位的情况。有的干部受到传统糟粕文化的影响，过于强调自身的威信，沉醉于下属的奉承拍马；有的干部在其位却不谋其政，大搞权钱交易，以权寻租，中饱私囊；还有的干部打着"为了当地发展"的旗号，罔顾相关法律、法规，滥用职权，随意行使权力。

正是基于这种干部权力缺乏管制的情况，我国对于权力制约的倡导一直都没有停止过。早在 1992 年，邓小平在南方谈话中就提出，"在整个改革开放过程中都要反对腐败。对干部和共产党员来说，廉政建设要作为大事来抓。还是要靠法制，搞法制靠得住些"（许耀桐，2015：16）。十八大以来，我国的廉政建设翻开了新的一页，中共中央不仅深入贯彻廉政建设的精神，更是通过有力的实际行动加大了权力运行制约和监督的力度，不论是在查处数量上还是在有关权力监督机制的建设上，成果都有目共睹，这是改革开放以来反腐倡廉力度最大的阶段。在 2012 年 12 月 4 日，习近平总书记首次提出要进行权力约束并构建与完善权力运行制约与监督体制，实现权责分明，用权受监督，严格执行失职问责，违法必究（中共中央文献研究室，2014）。在 2013 年 1 月 22 日的第十八届中央纪律检查委员会第二次全体会议上，习近平总书记又明确发表了题为《把权力关进制度的笼子里》的报告，重点表达了抓好党风廉政建设和反腐败斗争的决心，要"刮骨疗毒""壮士断腕"，以"零容忍"的高压态势，实行"老虎""苍蝇"一起打。

中共中央对于干部权力制约的推进不仅在基层体现为相关报告的学习，更重要的是体现在干部行为的"指挥棒"——监管与查处机制的强化上，基层政府建立了党风廉政建设专项问责机制并进一步强化了机关干部的行政问责机制。2013 年 3 月江洲市所在的地级市发布了《党政机关及其工作人员问责办法》（镇办发〔2013〕23 号）（以下简称《办法》），不仅详细说明了问责的各种情形、方式以及程序，还明确提出了问责应当遵循严格要求、实事求是、权责一致、惩教结合的原则，该《办法》将十八大之前模棱两可的问责机制进一步进行了细化并强力推行。同年 6 月，江洲市纪委印发了《江洲市重大行政处罚案件全程监督办法》（江纪发〔2013〕27 号），进一步规范了行政执法行为并加强了行政处罚案件监督。2014 年 9 月，江洲市又印发了《江洲市党风廉政建设责任追究实施办法》（江政发〔2014〕25 号），明确了责任追究的各种情形以及处理方式。经过这一系列的监管与查处机制的强化，不仅干部廉洁自律意识明显加强，依法、依规行政以及为人民服务意识也在"问责"机制的强力施行下而不断提高。

三洲街道吴主任："原来干部廉洁意识不强，不是有个打油诗吗，'一壶酒一壶油，一顿饭一顿牛，屁股下坐的是一幢楼'。现在经过八项规定等查处，各级干部廉洁自律意识明显增强。而现在责任追究机制也加强了，以前虽然也有，但是并没有按照文件执行，也没现在这么细化，现在执行的刚性强，出了问题就要被处理。解决干部问题最有效的办法就是查处，过去更多的都是靠说教，下面就是我行我素，出了一点小问题也没有人来追究你，现在就是你出了问题我就必须要处理你。以前也会有监督，但是在执行的过程中大家糊弄糊弄就过去了，睁一只眼闭一只眼，现在不仅不糊弄，还更加强化。"（访谈，SZJDWZR20160125）

通过对基层干部的访谈，可以看到国家对官员权力的限制在基层的体现，地方政府对于机关干部的查处机制和监督机制明显加强，相关机制从原来的"形同虚设"变为十八大之后的"刚性执行"，这一方面加强了基层干部的廉洁自律意识，使得他们"不敢腐、不想腐、不能腐"；另一方面也强化了其他政策在基层的贯彻与执行，在随时会被"指挥棒"——问责机制敲击的情况下，大部分基层干部的行为处世更为依法、依规，也更能体现"服务型"政府的角色变化。

第二节　从"形式主义"到"变通执行"：新征地操作规则的出台

正如前文所阐述的，新规则的出现以及监管与查处机制对新规则约束力的强化，使得基层的政策环境发生了新的变化，而这种变化也直接导致三洲街道在制订征地方案，即具体的征地操作规则的变化。在十八大之前，虽然与征地相关的法律和规范一直在不断完善，但是基层干部为了尽快完成组织目标，在一定程度上对相关法律和规范有"选择性"地遵守，或者故意利用征地的强制性，频繁动用暴力手段，也就是说，过去的征地方案只体现政府意志和组织目标，相关规则成为"形式主义"的"摆设"。而在十八大之后，随着"服务型"政府、政策执行"依法、依规"的强调以及相应的监管与查处机制的加强，在一定程度上约束了三洲街道的征地行为。在这次征地中，为了尽量减少群众的不满，三洲街道在制定征地具体操作规则时格外强调农民的自主与自愿。对于曾经忽视的征地相关政策与法律，街道干部也都尽量遵守。但是由于规则实施的"不确定性"特点（魏沂，2001；费埃德伯格，2005），虽然表面上，三洲街道的行动策略受到了规则改变的制约，但在具体执行规则的过程中，街道干部选择了变通。

一　"考核责任制"下的规则"虚化"

中国经济在过去 30 年间高速增长，地方政府一方面拥有了独立的税收和财政来源；另一方面，基层政府官员为了升迁，将积极参加以 GDP 指标为衡量标准的"锦标赛"作为捷径。正是在这种情况下，考核责任制（目标管理责任制）应运而生，广泛应用于各地党政管理的实践之中。该制度将地方政府当年的发展目标和主要任务进行细化与分解，并对具体内容以指标的形式进行考核。每年年初，地方政府会与各级组织签订考核责任书，并在年末对责任书中的指标进行评分考核，以此作为对各级组织进行管理（如奖惩等）的依据（王汉生等，2009；徐勇等，2002）。考核责任制的建立一方面将基层干部纳入无形的"压力型"体制中（徐勇，2003），如果无法完成所签订的任务，那么面临的是"一票到底"甚至是问责处理；另一方面也给基层干部带来了激励（Edin，2003；张汝立，2003），只要完成任务，就有可能增加奖金甚至破格升迁。但是，考核责任制无论带来的是激励还是压力，都体现了对组织目标的强化，而且很大程度上只强调了组织目标。

这种以组织目标为导向的机制直接带来了基层干部将既快又好地完成组织目标作为对基层工作的唯一追求。只要完成了组织目标，在政策执行程序上不到位，甚至违反法律或者"打法律擦边球"的行为都会被允许。同时，在实际工作中，如果群众的不满对组织目标完成造成阻碍的话，基层干部会毫不犹豫地采取过激手段。这种情况在利益性、时效性、重要性都很强的征地过程中表现得尤为明显。在过去的征地过程中，三洲街道将速度和效率视为第一位，干部们普遍认为，群众在征地中的利益只表现为物质利益，只要在征地价格上合理，就算是做到了保护群众利益，而群众的知情权、告知权等法律中规定必须要保障的权益都是可以被忽视甚至是刻意回避的，因为对这些征地程序的讲究只会影响征地的效率，增加征地的难度。基层干部经常会提到这样一句话，他们不怕群众因为征地闹事，因为他们没有克扣群众的钱，而且从法律上讲，征地也具有强制性，大部分百姓都会理解，即使有个别人不理解也没关系，因为他们只代表个人，还是可以强制征地。在这样一种"组织目标至上"的背景下，三洲街道在征地项目启动之前，对于征地方案并没有细致地规划，相较于征地协议的斟酌与征地程序的规划，他们更在乎征地任务的合理安排与分配，即如何更有效、更快速地完成征地任务。在这种情况下，对于达成目标无益处的大部分法律规则被刻意"虚化"与"回避"，而有利于目标达成的少部分法律规则中的一些内容则被无限放大。在过去的征地中，这种情况主要有两个方面的表现，分别是直接采用"预征地"的名号开展项目以及由村民小组长代表农民签字。

（一）直接采用"预征地"的名号开展项目

从三洲街道大规模征地的第一个项目开始，他们是在没有土地批文的情况下进行的，这与当前地方政府追求 GDP 为主的考核标准有莫大的关系。按照当前的征地程序，从材料申报前的征地告知到申报后的征地审批，前后至少需要花半年的时间。

> 江洲市国土局银局长："现在我们都在讲精简，要提高办事效率，精简程序，上面权力要放下来，但事实并不是这样，从我们国土内部来讲，报批材料的准备很麻烦。繁杂的报批材料准备好之后，要报市政府，政府同意以后，报地级市国土局，地级市国土局也要手续一道道走下来，国土局签字同意以后报地级市人民政府审核，再报到国土厅。国土厅分得更细了，科室更全，原来只要厅长同意了，回来就可以发文了，现在不行，还要报省人民政府批准。整个流程下来，半年是快的。比如，以前是5个部门一起审核，现在要一级一级地走，哪一个环节今天主管不在，开会了或出差了，流程就走不下去了，要等他回来签字了才好继续申报。以前是这个不在家，我先到下一个那里，可以倒过来走，现在倒不了，所以说半年就是快的了。"（访谈，GTJYJZ20141205）

按照国家规定，在拿到批文后，才能开始征地。如果项目涉及的土地上除了征地外还有拆迁的话，等全部征地、拆迁结束至少需要一年的时间，这还是在没有"钉子户"的情况下。如果一个项目从准备开工到实际拿地开工需要一年半时间的话，企业的成本会大大增加，项目落空的可能性也会增大。而这种情况的发生对于基层政府来说无疑是"泰山压顶"（周黎安等，2005），因此，为了增加税收和土地收益，提高基层政府的财政支配能力甚至是自身的政绩，地方政府愿意通过"打擦边球"的方式，尽可能快地吸引企业落户，加快经济增长。在此情况下，三洲街道选择了"预征地"，也就是先与农民商谈征地相关事宜，先签订征地协议，等土地审批成功，有了用地指标之后，再用地。与国家规定的先有批文才能征地的顺序相比，"预征地"节约了很多时间，在等待批文审批的同时可以推进征地，说服农民签订"预征地"协议，等土地审批成功，再签订正式的征地协议，漫长的谈判过程几乎在等待批文的时间里就可以结束，缩短了近一半时间。

三洲街道的"预征地"除了让农民先签征地协议之外，还增加了征地的亩数。这次土地整理项目需要的亩数是800亩左右，但三洲街道的实际征地亩数达到了1200亩左右，多征了400多亩。其中一次能审批下来的亩数只有800亩左右，剩下的用地指标只能在下一批或者下下批的土地审批中才能申请到。也就是说，在三洲街道与农民签订的"预征地"协议中，所签订的亩数与国土局征地事务所在拿到批文后与村委会签订的"正式"征地协议的亩数并不一致，"预征地"协议中的亩数显示的是实际亩数——1200多亩，而"正式"征地协议中的亩数则是要上报审批的亩数——800多亩。而且在多征的土地中还存在刻意"瞒报""漏报"土地的现象，比如租用农民田地用作绿化带的土地，就直接算作建设用地，不作为农用地进行申报。江洲市国土局的干部和三洲街道的干部都认为土地提前整理和农用地面积"漏报"的方法虽然"有风险"，但是必须要这么做。

> 国土局鄂科长："作为一个领导干部，他想干出点政绩来，他需要这样做，不为升迁，他也必须这样。不然，你按部就班，什么都干不出来。比如，每年给我们江洲市的土地指标只有八百多亩，而每年都要用四千多亩，今年少一点，三千多亩。如果都这样，按部就班，就这么点地，还怎么发展呢？"（访谈，GTJEKZ20151202）

> 三洲街道吴主任："为什么要提前整理土地，你比如说在苏南地区，国家有政策，当地政府即使在没有项目的时候，只要哪里是规划的工业区，就可以直接征地。那我们江洲市

人民政府可能权力不够，我们不可能规划工业区，因为三产服务业是不可能直接征地的。但是一旦有项目来，我们就会借助项目范围内的土地整理，带动整个片区的征地、拆迁。现在土地整理都是讲片区的，不是为单个项目只弄一部分，而是整个片区都要腾出来，因为有个主力项目以后，以后这里的招商会更加容易了。而且如果不一次性搞定，分开弄的话，越往后价格越高，而且因为价格不一样，同一片区之前征地或者拆迁过的老百姓就会出来闹，到时候费时费力费钱，还不如现在就把它办了。"（访谈，SZJJWZR20151215）

三洲街道的干部认为这种方式并没有损害农民的利益，也没有引发严重的矛盾。在他们看来，"预征地"从民事关系上来讲是平等的，老百姓愿意把土地给政府，政府也按照合理的价格补偿给老百姓了。政府并没有强制性地剥夺他们的财产权，而是在给老百姓做大量的工作之后，老百姓自愿将土地交给政府。从民事关系来讲，政府保护了老百姓的合法权益。不管征地之前审批是否通过，最终目的是保护老百姓的合法权益，不损害老百姓权益——这是最基本的原则，而对于这个原则，街道也是严格遵守的。此外，虽然街道在"预征地"时没有批文，但是在实施建设用地之前，街道履行了相关法律规定的报批程序和批准手续。

（二）由村民小组长代表农民签字

在2.5产业园项目之前，三洲街道大都采取的是由村民小组长或者村民小组长和村民小组代表代替村民小组的全体成员签字的方式，普通村民并没有签字的权力。除了无法签字之外，村民小组成员大都对于征地项目的详细情况，甚至征地的价格不是很了解，很多村民都是在毫不知情的情况下，土地就被国家征收了。早在2004年，国务院就下发了《关于深化改革严格土地管理的决定》（国发〔2004〕28号），明确规定了要严格征地程序。根据相关要求，在征地的过程中政府必须维护农民集体土地所有权和土地承包经营权，依法报批之前必须告知农民拟征地用途、赔偿标准、位置、安置计划，拟征地状况必须获得被征地农村集体经济组织和农民的确认。确有必要的，国土资源管理部门应依照相关规定组织听证。要将征地农民知情材料和最终确认的材料作为审批的必备材料，要进一步完善征地补偿安置争议的协调与裁决体系，切实增强对被征地农民合法权益的保护。除特殊情况的征地事项外，均需予以公示。但是这项决定并没有引起三洲街道基层政府的重视与执行，在三洲街道基层干部看来，如果把项目性质等详细内容告诉农民的话，农民会趁机抬高地价，即使在签字的时候，可以"绕开"农民，但是在最终用地的时候，农民仍然会因为对地价的不满而阻碍施工。如果项目是公共事业的话，农民通常比较配合，也愿意接受政府给出的价格，但是如果项目是企业性质的，农民则会对地价的期望值比较高，往往会有漫天要价的农民出现。所以，为了保证征地的顺利进行，尽量减少阻碍，三洲街道在启动征地项目的时候，采用代替签字的方式，刻意回避农民。但是随着征地范围越来越大，征地频率越来越高，这种签字方式在三洲街道引发了不小的问题。

23 组村民季余成："我们以前签字都是队长一个人签字说了算的。之前海陵大桥征地时，就是他一个人偷偷签的，完全没跟我们商量。其实如果商量了，我们也不会去闹，主要当时签字的时候麦子都可以收了，一下子挖土机就弄掉了，不可惜吗？而且因为队长已经签字了，我们后来一分钱贴补都没拿到，为这个事情老百姓心里很不满。"（访谈，JYC20150630）

23 组的例子只是众多案例中的一个，在三洲街道有一些不负责任的村民小组长，在完全不跟农民商量的情况下，以个人的名义就将征地协议签订了。即使在发现问题的情况下，三洲街道依旧没有转变征地签字方式，因为与考核结果不达标，遭受处罚相比，他们宁愿违背相关规定，选择尽快完成征地任务。

二 从"预征地"到"土地整理"

目前国家对群众利益的保护力度加大，对依法行政的要求日益提高，并通过强化查处和监管机制来强硬推进新规则。这直接导致了三洲街道在制订征地方案时格外小心谨慎，不再像过去那样，只看重组织目标的实现。征地具有群体性特征，像拆迁那样"会哭的孩子有奶吃"的情况，在征地时极少发生，因为征地涉及生产队的每一户农民，必须要"一碗水端平"，否则极容易爆发群体性事件。在过去征地中所采用的以"预征地"的名号开展项目以及由村民小组长代表农民签字这两种方式，在这次征地方案的制订中，都做出了重大调整。

但是，调整并不意味着完全改变，三洲街道依然采取"预征地"的形式，但是在征地协议和征地名号上都进行了修改。为了进一步保证"预征地"的万无一失，三洲街道专门组织了市政府法制办、国土局征地事务所的相关人员以及律师对这次征地协议进行"把关"。在这一次征地项目启动之前，也就是2013年，江洲市其他乡镇发生了征地、拆迁纠纷，在与农民打官司的过程中，农民直接对写明"预征地"的征地协议提出了质疑。鉴于其他乡镇的经验教训，这一次三洲街道为了进一步规避风险，重新制定了新的征地协议。

土地补偿协议书

立协议单位：三洲街道某村（以下简称甲方）

三洲街道某村某组（以下简称乙方）

因建设发展需要，甲方拟使用乙方土地。依据相关法律、法规、规章的规定，本着自愿、平等、有偿的原则，经甲、乙双方友好协商，就土地使用及补偿、安置等事宜约定如下：

一、乙方同意甲方按现行征地补偿标准计算并向乙方支付土地补偿安置费用，在土地补偿安置费用兑付到位后可使用该地块，乙方积极配合并不得以任何形式阻挠施工。

二、补偿安置土地面积为　　　　亩（含农用地、各户宅基地及自留地）。

三、补偿安置土地范围（详见土地勘测定界图）。

四、土地补偿及相关费用。

　　1. 土地补偿费：　　亩 ×　　元/亩 ＝　　元。

　　2. 安置补助费：　　亩 ×　　元/亩 ＝　　元。

　　3. 青苗补贴费：　　亩 ×　　元/亩 ＝　　元。

　　4. 其　　　　他：

　　　　以上合计　　　　元（　　　　　　　　　元整）。

五、本协议经双方代表签字盖章后，即行生效。在用地过程中乙方应积极配合，如乙方村民与用地单位发生矛盾时，乙方要及时负责调处，以确保用地单位正常用地。

六、鉴于该宗地的使用已对乙方实施了补偿安置，并按现行征地补偿安置标准足额到位，根据一宗地只能实施一次补偿安置的原则，今后该宗地的任何出让、转让等处置、建设等行为均与乙方无关。乙方承诺今后不以任何理由和任何方式（含信访、诉讼等）向甲方或其他政府部门、用地单位就该宗地主张任何权益。

七、应乙方全体农村村民的要求，甲方须在协议签订后一个月内将土地补偿安置费用全部兑付给乙方。乙方应参照江洲市被征地农民基本生活保障的相关政策文件精神为符合条件的人员办理基本生活保障，并按规定缴纳相关费用。其余款项乙方应及时兑付到每个农户。

八、以上条款甲、乙双方必须共同遵守，未尽事宜，按国家有关规定执行。

九、本协议一式肆份，甲、乙双方各执壹份，其余报有关部门备案。

甲　　　方　　　　　　乙　　　方

代表签字盖章　　　　　代表签字盖章

2014 年　　　　月　　　　日

这份协议书与以往的协议书不同的地方主要有两个，首先包括协议名称在内的所有采用"预征地"的说法都改为了"土地整理"，其次将甲方由江洲市京城新农村建设投资有限公司①改为三洲街道的某村。之所以这么修改，也是为了尽可能掩盖"预征地"的事实。这两处的修改都说明，三洲街道试图用"土地流转"的方式来遮掩"预征地"，他们先通过签订土地补偿协议将土地先流转到被征地的某村，在土地审批下来之后，再由国土局征地事务所与三洲街道涉及征地的各个行政村分别签订正式的征地协议。但是这种"土地流转"的方式也只是"掩耳盗铃"，根据《江苏省农村土地承包经营权流转办法》的相关规定，土地承包经营权流转不能改变土地的所有权性质以及农业用途。而在这份协议中，乙方在签订协议后，便失去了与该宗地有关的任何权力，在我国只有土地征收才能完全收回农民对于土地的权力，土地流转并不会改变土地性质。另外，虽然采取的是"土地流转"的方式，但是三洲街道还是按照征地补偿的标准来进行补偿，而不是采取在

---

① 江洲市京城新农村建设投资有限公司是三洲街道成立的公司，公司法人是三洲街道的林书记，该公司是为了方便政府融资和规避风险设立的，如果用该公司的名号进行征地或者拆迁的话，即使有官司，也是民事诉讼，而不是行政诉讼。

"土地流转"中通常使用的租金形式。三洲街道的干部也意识到了直接用"土地流转"的不足之处，所以不论是在协议中还是在开动员大会等重要场合，他们提及征地的时候，都没有用"土地流转"，而是采用了更为宽泛的，农民相对陌生的"土地整理"①来代替。

除了土地补偿协议之外，在"预征地"时，农民还需要签订一份小协议，而这份小协议也是在这一次土地整理项目中首次出现的，这也是三洲街道与国土局面对国家土地监管日益加强的应对措施。在2010年，国土资源部出台了《关于进一步做好征地管理工作的通知》（国土资发〔2010〕96号），其中第十条明确提出了征地报批前的程序——告知、确认与听证，征收土地时需要保障农户的知情权、参与权、监督权与申诉权。基层国土资源部门要严格遵循国家相关规定，在土地申报前必须严格执行听证程序。征地信息要落实到农户，采用广播、村务公开、公开栏等方式将详细信息明示，采用多种方式告知土地征收方案。对于被征地用户存在异议并提出听证的，国家土地资源管理部门需要及时组织听证，重视农户的合理要求并给予解决。在这项通知发布后不久，江苏省国土资源厅响应国土资源部的号召，也颁发了《关于进一步完善建设用地审查报批工作的通知》（苏国土资发〔2011〕145号）。在该通知中，准确提出了征地报批前的工作程序和具体程序的要求，特别是明确规定了《征地调查结果确认表》的要求，除了需要农村集体经济组织负责人签字、盖章之外，还重点提到了

---

① 狭义的土地整理按照《全国土地开发整理规划（2001—2010）》规定，是指采用工程、生物等措施，对田、水、路、林、村进行综合整治，增加有效耕地面积，提高土地质量和利用效率，改善生产、生活条件和生态环境的活动。主要内容有：①采用工程生物措施平整土地，归并零散地块，修筑梯田，整治养殖水面，规整农村居民点用地；②建设道路、机井、沟渠、护坡防护林等农田和农业配套工程；③治理沙化地、盐碱地、污染土地、改良土壤、恢复植被；④界定土地权属、地类、面积，进行土地变更调查和登记。广义的土地整理则包含土地开发和土地复垦。

需要农户签字，而且必须真实有效，不得弄虚作假，被征地的农民拒绝签字或者由于其他原因无法签字的，需要注明。

面对国家和江苏省对于征地中农民知情权、参与权、申诉权和监督权的强调，江洲市国土局要求每个征地项目都必须强化告知以及确认的环节，在征地前要张贴《征地告知书》，在征地过程中除了村集体负责人要签订《征地调查结果确认表》之外，征地涉及的农户还必须签订分户确认表，不能签名或拒绝签名的要进行说明。从 2012 年，三洲街道的第一个大规模征地项目城东公园开始，国土局就要求签订分户确认表，但当时为了保证签字的概率，这份确认表是在预征地和拆迁全部结束后再由三洲街道的干部上门签订的。但是，这种事后签字的方式存在明显的不足，因为在项目全部结束后再签订分户确认表时，农民往往因为先前征地或者拆迁时的不满而拒签，而且从 2013 年开始，三洲街道的所有拆迁项目采取的安置方式都是异地安置，也就是"农民上楼"，农民在拆迁后都离开了原先居住的村民小组，分散在江洲市的各个地方，但分户确认表还必须以原始的村民小组为单位来签字，这就需要每家每户去重新寻找农民，如此一来，不但耗费了大量的人力物力，还不一定能签字成功。

在这一次的土地整理中，三洲街道在对待告知和确认的征地环节上格外慎重，这与依法治国的推进有密切关系。从 2014 年开始，依法治国被提到了很高的位置，而江洲市所在的地级市又恰好更换了一个学法律的市委书记，他在上台后也格外强调依法行政，相应的江洲市市政府的各项工作在开展时也格外强调依照法律。为了保证基层干部依法、依规办事，上级部门加大了监督与查处的力度，江洲市政府也加强了对相关问责机制的教育。在这种高违规成本的政策环境下，江洲市的各级政府机关都谨言慎行，尽量依法、依规办事，特别是在相对敏感的土地整理项目中。为了更好地贯彻国家对土地审批和征地程序所提出的要求，江洲市国土局在与三洲街道干部商议的时候也格外强调要签订分户确认表，强化征地中的告知和确认环节。

为了更好地完成分户确认表的签订，三洲街道首次改变了签协议的顺序，将土地补偿协议与分户确认表一起交给农民签订，但是为了能在用地的时候减少阻力，三洲街道将国土局所规定的分户确认表的名称和用途都进行了调整。按照上文国家的规定，分户确认表是征地告知的一部分，也是土地审批的必备要件，征收土地必须履行告知、听证、确认这三个程序。在土地报批之前，为了保障农民的知情权和参与权，必须告知这块地的用途、补偿标准、面积、范围等。在告知之后，农民有权提出听证，也可以申请不听证。最后是确认，就是对土地地类、面积、地上附着物种类和数量进行确认，这也属于告知的一部分。在填写分户确认表的时候，老百姓有选择的权力，可以签同意，也可以签不同意，但这不作为是否同意征地的依据，该表仅能作为告知确认的依据。

三洲街道在制订征地方案的时候，改变了分户确认表的用途，将其由告知确认变为了同意征地与否的确认，也就说将其变为了土地补偿协议的一部分，即上文所说的"小协议"，并且在格式上也与分户确认表有所区别。国土局拟订的分户确认表的名称是"征地涉及的农户签名"，还在备注中明确了该表的属性是分户确认表，若农户因故不能签名或拒绝签名的，需要备注。而三洲街道给农民签的"小协议"则为了向征地协议靠拢，将备注删除了。三洲街道之所以修改分户确认表，是为了减少在交地时的矛盾。如果按照国土局的说法，签订分户确认表的话，在拿地的时候，农民是不愿意交地的，他们会认为既然分户确认表是告知意图的话，那说明征地还有余地，也就会不配合交地，所以还不如直接将分户确认表改为土地补偿大协议的补充——"小协议"来得更方便一些。对于三洲街道的行为，国土局也是"睁一只眼，闭一只眼"，因为对于分户确认表国家有明确规定，必须要签订到位，所以国土局只要三洲街道帮忙将分户确认表签订到位，他们也不愿意"上纲上线"，毕竟如果严格按照国家规定执行的话，拒签率会很高，土地审批自然也会遇到阻碍。

三　签字率80％的由来

三洲街道除了对协议的拟订字字斟酌外，还对签字率做出了规定，要求大协议和小协议的签字人数①加起来要达到该村民小组总户数的至少80％。之所以规定签字率，除了要完成国土局的签字任务之外，更主要的是因为采取的是"预征地"的征地方式，即在没有批文情况下先进行征地。在这种合法性不够的情况下，再不尽量争取农民的支持，很容易产生复议和行政诉讼，甚至更严重的信访等。自从2013年开展群众路线教育开始，作为反映群众意见和投诉的"窗口"——信访自然成了对三洲街道干部的重点考察领域，信访工作绩效被纳入党政干部政绩考核体系。江洲市和其所在的地级市对于越级上访实行"一票否决制"，而且每个月信访局都会对信访事件的数量进行统计，如果信访数量过多则会被冠上"重点信访单位"的名号，相关干部要被问责，职位的升迁和奖金都会受到影响。除了对信访关注之外，江洲市还要求各个部门不能出现群体性事件，如果领导干部在所管辖区内出现了大规模的群体性事件，也实行"一票否决制"。面对信访的"高压线"，三洲街道在这次征地项目中，格外小心，想尽办法避免信访事件的出现，而保证签字率则是最直接的工作方法。如果保证了农民的签字率，即使有少部分农民不满意的话，在同意征地大环境的影响下，他们也会被带动签字，或者即使不签字，但至少也不会反对或者信访。

---

① 按照三洲街道的规定，在具体签字时，需要队长和队委签在大协议上，而剩下的村民签在小协议上，小协议在三洲街道存档时会作为大协议的补充，同样生效。

此外，三洲街道强调签字率为80%还有一定的历史渊源。在三洲街道的区域内有一个广宁社区，这个社区从1998年开始就征地、拆迁不断。当时国家并没有通过具体规定来保证农民的权益，社区干部在每次征地拆迁的时候，为了减少矛盾，都采取"一事一议"的方法，通过召开村民会议或村民代表会议，由该社区18周岁以上的农户代表参加，所做决定要经到会人员的80%以上通过才能有效。之所以是80%，而不是村民委员会组织法上的2/3，是因为在80%通过率下进行的项目征地、拆迁都更为顺利，这是经过多次实践所提出的数字。参照广宁社区"一事一议"的经验，在这次项目中，三洲街道也将签字率规定为80%，这种将征地协议的签订纳入村民自治的范畴，采取少数服从多数的策略，是村民共同商议的结果，而且通过率远超过规定的2/3。

四　征地补偿标准的确定

除了对协议的制定以及征地程序和具体工作方法的讨论之外，三洲街道在征地补偿标准的选择上也格外慎重。这次征地项目的补偿标准参照的是江苏省人民政府出台的《关于调整征地补偿标准的通知》（苏政发〔2011〕40号），该通知中的补偿标准是最新也是最高的标准。在该通知中，征收农用地的土地补偿费最低标准，江洲市所在的第三类地区为每亩18000元。每名需要安置的被征地农民，其安置补助费为最低标准，第三类地区的标准为每人17000元。对于被征收土地的农民数量按照被征收农用地的数量与被征地农村集体经济组织征地前人均占用农用地的数量相除计算。在这次征地中，江洲市国土局计算出来的人数约为2.294人，所以安置补助费为39000元每亩。除了土地补偿费和安置补助费之外，还需要补偿青苗费，通常是按照一季产值计算一次性补偿，江洲市提供的标准是每亩1000元。按照江苏省规定的最低标准，计算下来的征地补偿标准为 58000 元每亩。如果以 58000 元每亩的最低补偿标准去征收土地的话，三洲街道的农民肯定是不同意的，因为在江洲市的其他地区，乡镇政府都在 58000 元的基础上增加了至少 10000 元，而对于地理位置优越的三洲街道来说，增加的征地补偿要比 10000 元更多。经过讨论，这次三洲街道打算在 58000 元每亩的基础上再增加 20000 元，也就是 78000 元每亩，另外由相应的行政村从征地服务费里面扣除 2000 元每亩，也就是说这次项目的实际征地补偿费为 80000 元每亩，这个价格在整个江洲市来说也是处于上游的。

此外，《江苏省征地补偿和被征地农民社会保障办法》（江苏省人民政府令第 93 号）第四条明确指出对于被征收土地农民进行社会保障时必须严格执行相关原则，即坚持即征即保、应保尽保、分类施保、逐步提高，并与推进就业相结合将被征地农民纳入社会保障体系，保证农民原有生活水平，保障未来生计。第十六条也明确提出土地赔偿费用归属农村集体经济组织，总赔偿费用的 70% 以上要交付于 16 周岁以上的被征地农民，安置补助费用于 16 周岁以下被征地农民的生活补助和 16 周岁以上被征地农民的社会保障。地上附着物和青苗补偿费归其所有者所有。第二十九条特别规定在征地中要实施补偿金预存体系，在进行征地审批之前，市、县级人民政府应当将征地补偿费用和土地有偿使用收益中安排的社会保障费用存入财政部门指定的账户。征地报批时，市、县级财政部门应当出具相关凭证。但面对省政府对失地农民保障的推行，三洲街道并没有严格执行。

三洲街道付主任："失地农民保障这块，江洲有个很特殊的情况，就是把钱都分了，按照规定应当把土地补偿费分了，安置费的 70% 应该交到社保局，政府再扣掉一部分，通过失地农民保险拿钱。但是现在老百姓都要求分掉，之前还有人

上访怪政府扣征地补偿款交保险呢，虽然国家规定要办失地
农民保障，但是并没有强制推行，要是农民不愿意投保的话，
必须要写一个承诺书，自愿放弃失地农民保障。江洲老百姓
是分钱分惯了，只知道现在分钱回去建房子，不管以后了。"
（访谈，SZJJFZR20151210）

按照江洲市老百姓的要求，三洲街道并没有强制推行失地农
民保障，但无疑这种行为存在着很大的隐患，当不投保的农民将
征地补偿都用完，又没有稳定收入来源的时候肯定还会要求政府
提供失地农民保障。2013年江洲市出台了《被征地农民基本生活
保障补充条例》（江政发〔2013〕55号），在一定程度上降低了不
强制推行失地农民保障的风险。在2013年9月30日之前，到达养
老年龄段（男60周岁以上，女55周岁以上）的农民即使不缴纳
失地农民保障款，也能拿到每月110元的养老金，这种做法让很多
农民更加忽视失地农民保障，因为即使不缴纳保障金，也能够拿
到补贴。但是在2013年9月30日以后，55号文件规定，不缴纳
失地农民保障金的人员，即使达到养老年龄段，也不享受任何待
遇。这项规定在客观上带动了失地农民保障金的缴纳，按照政策，
达到养老年龄段的，每人缴纳23000元征地补偿款（征地补偿人
均不足23000元的，按人均实际分配额缴纳），政府另补贴15300
元至其个人账户，此款可依法继承，每月享受450元养老金，人员
死亡，按其领取标准支付6个月丧葬费（目前为450元×6个月＝
2700元）。而对于农保已退休或领取遗属补助人员，每月还可以加
发110元养老金，人员死亡，按其领取标准支付6个月丧葬费
（目前为660元）。也就是说如果按照最高费用，缴纳了23000元
的话，即使每月拿450元，大约4年的时间就能把本金拿回，而不
缴纳的则任何补贴都拿不到。55号文件的出台在一定程度上缓解
了失地农民保障的压力。

第三节　小结

本章首先论述了十八大以来，中共中央以政治制度建设、党员干部作风建设、民生建设、经济建设等为突破点，进一步深化经济与政治体制改革，逐步形成了以法治化、规范化、制度化为特点的体制。中共中央发布了多项新规则，大都是在已有规则的基础上，对规则进行调整并重新激活。其中，与基层密切相关的新规则主要有两个方面：第一，是 2013 年群众路线教育的开展；第二，是 2014 年全面推进的依法治国。其中，群众路线教育在基层的落实表现为"服务型"政府的建设，经历了为期 8 个多月的群众路线教育以及群众各方面的意见回馈整改，三洲街道的干部更"接地气"了，基层政府也不再把经济增长与城市建设作为第一追求，而是在发展的基础上更多地考虑，比如群众的利益与诉求，由过度追求量的提高逐渐向寻求"量责并举"过渡。相较于过去的"高高在上"，满是管理者的"习气"，逐渐向"服务型"干部转变。依法治国的推进在基层的影响表现为基层干部在政策执行过程中更加注重相关法律和规定，同时老百姓伴随着依法治国推行而逐步提高的法律意识都在不断督促基层干部在工作中要依法、依规，要及时改进以前一些不符合法律规范的工作程序或者方法。

此外，为了保证新政策的施行，进一步将"权力关进制度的牢笼"，中共中央不仅深入贯彻廉政建设的精神，大力推进党风廉政建设和高压反腐，更是通过有力的实际行动加大了权力运行制约和监督的力度。由于监管与查处机制强化带来的高违规成本，基层政府往往会改变规则实施程序，制定新的操作性规则以适应宏观规则的变化。但是，这种改变实际上是一种对规则的"变通"。在这次 2.5 产业园的土地整理项目中，一方面，三洲街道需要调整过去过于追求组织目标，相对忽视群众权益与相关法律及规定的征地操作方案的行为，以适应新的规则；另一方面，由于组织目标实现的要求并没有降低，三洲街道的干部在具体征地过程中必须要采取新的策略，尽量找寻新规则执行与组织目标实现之间的平衡点。

新征地操作规则的出台无疑是三洲街道应对新规则的最佳方案。在新操作规则中，街道干部在征地协议和整个征地项目推进过程中，都采用了更容易被村民接受的"土地整理"名号。除此以外，他们还变更了征地协议的签订方式，将原来的由村民小组长代表村民签字的方式改为需要村民每家每户签字，并且签字率需要达到80%，从侧面反映村民的知情权、告知权等权力得到了维护。

总的来说，从宏观规则到征地操作规则的调整都体现了我国政府管理理念从"社会管理"向"社会治理"的转变，2004年召开的十六届四中全会明确提出了社会管理的概念，而在此后召开的十七大与十八大都沿用了这一概念（李强，2014）。但是，中央政府在十八届三中全会《中共中央关于全面深化改革若干重大问题的决定》的报告中明确提出了创新社会治理的概念，并且要求加强党的领导，坚持系统治理，充分发挥政府主导作用，积极鼓励社会各方参与，以实现政府治理与社会自我调节、居民自治的良性互动（中共中央宣传部，2014）。在原来"从上至下"的管理思路下，基层政府的权力缺乏监管，甚至只要为了组织目标的实现，为了发展，就可以动用一切资源。群众永远是被管理的对象，需要"服从"基层政府的管理。但是如今的社会治理理念强调的是参与、协商与合作，基层政府的权力受到了约束和监管，不再能"一手遮天"，反而需要更多地考虑群众的利益，群众的治理参与度也得到了提高。这种从宏观规则到征地操作规则的变化直接或间接引发了街道与村干部、街道与农民以及村干部与村民小组长之间权力关系的变化，而这种权力关系的变化也体现了宏观规则变化对基层治理产生的重大影响。

第五章　街道干部与村干部：从"指导与协助"到"行政发包"

《村民委员会组织法》明确规定村民委员会和基层政府之间是协助和指导的关系。也就是说，基层政府在给予村委会指导的时候，要遵循村民自治的原则，不干预村级事务。同时，村委会协助基层政府展开工作。在现实生活中，两者之间的"指导与协助"有更为丰富的展现，基层政府希望村干部完成组织目标，而村民希望村干部尽可能多地为村民谋利，村干部往往面临着选择。需要进一步说明的是，在日常的村级事务运行过程中，村干部的双重角色并没有造成其与街道干部权力关系的改变，但是在这次的2.5产业园土地整理过程中，街道干部应对的策略——新征地方案的出台，使两者的关系发生了从"指导与协助"到"行政发包"的转变。

第一节　"村民自治"机制下的"协助"

当前学者大都通过村干部角色的界定来反映当前基层政府与村干部以及村干部与农民的权力关系，其中最具影响力的是"双重角色"理论。徐勇（2003）在"双重代理"理论（戴慕珍，

1999）以及"双轨政治"（费孝通，2007）的基础上提出了"双重角色"的概念，他认为在"乡政村治"的格局下，村干部扮演着两种权力来源完全不同的角色。一方面，村干部需要扮演基层政府代理人的角色，有效地贯彻落实政务；另一方面，作为村民自治组织，村干部需要扮演村庄当家人的角色，处理好本村事务。虽然，这两种角色都需要将公共利益最大化，其本质是不矛盾的，但是在现实生活中，由于基层政府与村民在具体事件上追求的目标不一致，村干部往往面临着选择。还有学者在双重角色的基础上增加了追求个人和家庭利益的角色，也就是"家庭代表人"（杨善华，2000）、"理性人"（付英，2014）或者是"赢利型经济"（贺雪峰等，2006）。他们认为，在村民自治推行之后，在某种程度上村级治理精英与国家达成了一种妥协，在保障政府各项任务完成的基础上，家庭代表人与社区守望者的身份都可以得到认可。因此，相比于家庭代表人和社区守望者的身份而言，村干部的国家代理人身份逐渐减弱，而前两种身份的比重不断增加（杨善华，2000；宿胜军，1997）。

在桥村，相较于"当家人"和"理性人"的角色，村干部基层政府"代理人"的角色更为突出。《村民委员会组织法》明确规定基层政府要对村民委员会的工作给予指导、支持与帮助，但是不能对村民自治范围内的事项进行干预，村民委员会也要积极协助基层政府开展相关工作。根据这项规定，街道与村委会的日常关系应该是"指导与协助"的关系，但是对于指导与协助的方式和内容并没有进行更为细致的规定。在三洲街道，为了进一步强化村一级的"代理人"功能，更好地协助完成组织目标，街道干部主要采取以下三种方法：一是强化村党组织在村级组织中的核心作用，从而间接掌控村级管理。在桥村，虽然在治理结构上村党支部和村委会是两个组织，但其实是"一套班子"，彼此交叉任职，"一元化"运作，而且村党支部书记总管村级事务，掌握着决策权和裁判权，发挥领导性作用。二是实行"村账镇管"，对村一级的经济权力进行限制。街道将村级财务账由各村会计管理改由镇区集中统一管理，各村的财务收支既要接受村民主理财小组的监督，又要接受镇区农经和财政部门的业务指导和监督。三是建立村干部的激励约束机制，一方面，将桥村的各项工作纳入目标责任制进行考评，考评结果直接与定额干部的奖金福利挂钩；另一方面，将村干部工作任务的完成情况与其晋升挂钩，对表现特别优秀的给予提拔鼓励，对表现不佳或者不能完成工作任务等情况的村干部进行问责等处理。通过这些措施，三洲街道确保了对村一级的领导，也实现了对桥村的控制，强化了村干部充当基层政府"代理人"的角色。

需要进一步说明的是，这些措施在根本上并没有改变街道与村干部之间指导与协助的关系，只是强化了村干部对于街道任务的协助。以目标责任制中对于村级工作的考评为例，三洲街道对于工作完成的时间和结果并没有硬性规定。也就是说，村干部在完成这些工作的时候自由余地很大，完成任务的时间与完成程度也由村干部自行抉择，三洲街道并不会经常对村干部进行监管与催促。此外，虽然桥村村干部政府"代理人"的角色更为突出，但"当家人"和"理性人"的角色也并没有因此消失。就"当家人"而言，村干部需要公平处理村级事务，积极争取农民权益，维护乡村的社会秩序。而目标责任制的建立在加强政务贯彻的同时，也强化了村级事务的完成。在三洲街道制定的目标责任制中，包含与农民生活息息相关的劳动和社会保障、食品药品安全、农副业生产、动物防疫、农技水利、村庄整治、环境综合整治及长效管理、文广工作、物业管理等各个方面，而这些村级事务的完成也直接与桥村定额村干部的奖金福利直接挂钩。在村级事务方面，村干部能够充分保证农民的权益，但是在完成组织目标的过程中，村干部并不能充分为农民争取权益，因此，相较于"代理人"角色，"当家人"的角色相对会弱一些。而村干部"理性人"的角色主要体现在村干部具有自利性上，他们会为自己谋利。虽然"村账镇管"对村干部的经济权力进行了约束，但村一级对于集体资金的调配的自由度比较大，仍然存在开支随意、村级项目暗箱操作的问题。此外，三洲街道只负责发放桥村定额干部的工资，除定额干部之外的村级工作人员的工资与奖金以及定额干部的奖金都需要桥村自己通过房屋、土地的出租，拉赞助、盘活集体资产等方式筹措，这也在某种程度上加强了村干部的"理性人"角色，但由于三洲街道的监管措施，村干部的"理性人"角色并不会无限制膨胀，因此，相较于"代理人"角色，"理性人"角色并不十分突出。

第二节 "强势"动员：项目启动的"前奏"

在这次的 2.5 产业园土地整理过程中，由于新征地操作规则签字方式的改变以及对于签字率的要求，为了更高效地完成由于签字方式变化而陡增的征地协议签订任务，并将出现征地矛盾的风险降到最低，街道选择了由对当地情况更为熟悉的村干部"承包"征地任务。而两者的关系也发生了从"指导与协助"到"行政发包"的转变。在以前涉及桥村的土地整理动员中，虽然桥村村干部也作为工作组成员参加，但他们只扮演倾听者的角色，根据三洲街道的安排，协助征地。但是在这次土地整理项目中，从动员阶段开始，桥村就从幕后走到台前，直接参与征地工作安排的制定。

一 全体总动员

在明确了征地方案之后，三洲街道生产性服务业集聚区土地整理的项目逐步启动，而项目启动的"前奏"，按照惯例都是召开动员大会。在 2014 年 9 月 26 日下午，由市领导、三洲街道以及相关部门领导参加的"生产性服务业集聚区土地整理动员大会"在市会议中心江洲厅召开。该会议由三洲街道的副书记主持，书记、村代表分别进行表态发言，然后余市长提出纲领性要求，最后由国土局和住建局分别就土地补偿和房屋补偿安置做专题辅导。这其中，最关键的是余市长的讲话。在讲话中，他提出了土地整理的目标——春节前"净地交付"（所有附着物清除，土地扒平），也就说在五个月不到的时间内，整个项目的土地整理工作就要全部结束。除了明确提出目标之外，他还从思想上和工作方法上对与会的干部进行了指导。

> 余市长："第一，统一思想、提高认识，切实增强加快生产性服务业集聚区发展的责任感。规划建设生产性服务业集聚区，是江洲经济发展到一定时期的历史选择，也是造福三洲人民的一项重要举措，我们要充分认识做好这项工作的重要性、必要性。第二，突出重点、完善配套，为集聚区承载大项目扫清障碍。加快生产性服务业集聚区建设，土地整理是必要前提。但土地整理是一项系统工程，事关民生、涉及面广、纷繁复杂，很多工作必须提前谋划、齐头并进，只有这样才能提高效率、事半功倍，为项目及早开工建设赢得时间。要突出抓好三个重点：资金筹措、安置房建设以及安息堂搬迁。第三，强化领导、集中力量，有效保障土地整理的加快推进。为确保集聚区内已经签约的相关项目春节前开工，这次土地整理时间紧、任务重，三洲街道、各相关部门务必高度重视，对照目标，狠抓落实。总之，一个目的，就是加快发展。希望大家立即行动起来，团结一心、密切配合，确保按时圆满完成土地整理工作任务，为加快项目建设、推进产城融合，做出积极的贡献！"（田野笔记，SJDYH20140926）

在参加完全市的动员大会后，桥村的动员大会在 9 月 30 日下午召开了。在这次征地项目中，桥村涉及的亩数最多——500 多亩，所以桥村征地项目的总负责人为三洲街道的"四把手"——孙书记，而其他村负责的街道干部职位都在孙书记之下。参加动员大会的人员主要有街道干部、桥村"两委"干部、相关评估公司、拆迁公司工作人员以及涉及拆迁的村民小组长和户代表①，总共有近 200 人。相较于市级动员大会的"提纲挈领"，桥村的动员大会更为"脚踏实地"。三洲街道孙书记着重说明了这次土地整理的具体方案以及相关要求。其中，具体方案主要有三个方面：实施范围、土地补偿与房屋补偿安置依据以及土地整理工作时序安排。这三个方面涵盖了在征地中农民所关心的地价、征地范围和交地时间。在土地整理工作相关要求的说明中，孙书记着重强调了三个方面的内容。

> 孙书记："一、市委、市政府 2013 年春天做出了建设东部新城（生产性服务业集聚区）决策部署，这是江洲发展史上又一件具有战略意义的大事。广大市民同志要识大体，顾大局，发扬主人翁精神，支持城市建设，支持江洲经济发展。同时要相信党和政府会严格按照法律法规保护群众利益，不信谣不传谣。二、全体工作人员要深入到群众中去，倾听群众心声，耐心细致做好政策解释工作，严格把握补偿标准，公开公平做好土地整理补偿工作。三、党的群众路线教育活动正在深入开展，新形势下对我们的工作提出了更高要求，欢迎社会各界对我们的工作进行监督。"（田野笔记，

---

① 桥村只通知了涉及拆迁的村民小组组长和村民参加动员大会，而涉及征地的会议则只有村民小组长参加，没有户代表参加，这在一定程度上伤害了相关农户的知情权，也不利于日后征地工作的推进。

QCDYH20140930）

在孙书记发表了讲话之后，桥村的党委书记陈书记也进行了发言，他的发言主要面向户代表、村民小组长和村干部。

陈书记："下面我说几点，1. 今天大会一结束，所有与会代表回去要做好宣传解释工作，立即投入到此项工作中来，尤其是今天没能到会的户，请各村民组长和分组村干部一起上门把今天的会议内容和要求宣传到位，要求他们积极配合好工作。2. 所有搬迁户回去要查找好原来建房时的相关批准手续，尤其是当时建房相关罚款手续。所有的拆迁户都做好工作小组入户评估的准备，评估工作组将于 10 月 2 日开始入户丈量评估。3. 今后利用一周时间，各组各农户要明确好组与组之间、组与农户之间、农户与农户之间宅基地、高地、自留地、粮田之间界址，钉好界桩，以确保用地丈量时能迅速丈量、计算、兑现。4. 在此项目工程红线范围内有涉及去年迁坟未迁的组，其中有一两个组迁坟，请各个村民小组做好统计上报工作。能涉及户的要主动到村民小组长处做好登记工作，以便组长上报，确保在规定的时间内完成迁坟工作。5. 各村民小组长、村民代表在此项目工作中要确保在岗在位，履行自己职责，在这段时间内要多牺牲自己的时间，多考虑组里的工作，不能外出，要及早谋划、制订方案。是党员的户代表一定要按照党的群众路线教育的要求，严格要求自己，充分发挥党员的先锋模范作用，以自己的实际行动带动组周边群众配合好此项工作。"（田野笔记，QCDYH20140930）

陈书记在发言中反复强调了要村民小组长配合征地、拆迁的相关工作，要用实际行动带动群众。在召开了市级和村级的动员大会之后，三洲街道对拆迁与征地工作进行了详细的"分工包组"，将桥村涉及征地、拆迁的 13 个村民小组①包干到人。参与分配的人员由四部分构成——街道办干部、村干部、评估公司人员以及拆迁公司人员，其中，街道干部和村干部几乎是"全员出动"，每个参与的干部都必须亲临一线，街道和桥村的工作人员既是机关干部，又是征地拆迁人员。整个项目总指挥是三洲街道的正书记和副书记，而桥村的指挥者是三洲街道的"四把手"——孙书记。桥村所涉及的 13 个村民小组，由街道统筹安排分成 4 个工作小组，每个工作小组都负责 35 户左右的土地整理工作。每一组的组长都是三洲街道的副科级干部，也就是县级单位的副局级，副组长都是桥村的陈书记。在每组的组长之下都配备了 6 名街道普通干部和一名拆迁公司人员，四个组的所有人员都必须到一线参与土地整理工作。

二　工作组入场前的"指点"

在分组结束的当天，孙书记就在桥村的会议室召开了四个工作小组成员的"指挥部会议"。在会议上，孙书记除了对征地以及拆迁方案进行说明之外，还重点提到了征地与拆迁的顺序问题，他要求征地、拆迁齐头并进，只有这样才有可能在余市长规定的时间，也就是年前完成任务。对于孙书记的要求，三洲街道的其他干部提出了异议，他们认为齐头并进的可能性不大，因为每个村民小组的矛盾聚焦点不一样，有一部分村民小组在征地上有棘手的历史遗留问题，如果在这种情况下先进行征地的话，不仅推迟了任务完成时间，而且不一定能顺利完成任务，在这种情况下，就必须先进行拆迁的动员。

---

① 在这次的土地整理项目中，涉及桥村的村民小组总共有 19 个，其中有 13 个涉及整组或部分拆迁，还有 6 个只涉及征地，没有拆迁任务。在分工时，三洲街道并没有对 6 个只涉及征地的小组进行分配，这也从侧面反映了三洲街道相较于征地，更重视拆迁。

三洲街道姚主任："我举个例子，有的组征地涉及邻组，一旦涉及这个地的权属问题，大家都抢着要。当时的情况是，河两边的房子都是这个组的，但是房子中间的河道是邻组的，最后闹得不可开交，后来只能将这条河算了两遍，没有哪条征地的法律规定，征地是50亩，能征出60亩吧，但是这个河只能算两遍，不算两遍哪个村都征不下去，你有什么办法呢？这次土地整理肯定还会出现类似的问题，假如征地、拆迁同时推进的话，碰到这种组，两个都进行不下去，除非将土地的问题彻底弄清楚，但这个问题很可能涉及很久之前的矛盾，那么调解的时间就会浪费很多。很多时候大家都是不欢而散，大家都不服气，然后就慢慢想，有的时候并不是说这个矛盾化解了，而是过了3个月、5个月、6个月之后，他感觉到，好像闹闹也没什么意思了，就不了了之了，如果没有时间限制，那我就慢慢谈，慢慢等好了。但是对于这次的项目，市里面是有非常明确的时间要求的。它不容许你慢慢把这些矛盾全部化解光了之后，再按照法定程序来，所以必须采取"迂回"的战术，土地矛盾比较大的村民小组要先进行拆迁的动员。"（访谈，SZJJYZR20151213）

相反，还有一部分村民小组只有一小半农户拆迁，如果先进行拆迁的话，很容易造成"以拆带征"的局面，即以拆迁带动征地。在这种情况下，不涉及拆迁的该村民小组的农民便会觉得不公平，因为在之后的征地中虽然表面上地价是一样的，但涉及拆迁的农民却早已在先进行的拆迁中得到了地价的补偿，于是这部分农民便会在征地协议的签订中进行阻挠。除了这部分不涉及拆迁的村民不配合征地外，如果在拆迁中觉得有损失或者有失公平的村民也会借征地提出异议，不愿意签字，因此，在这种类型的村民小组中，则应该先征地再拆迁。

三洲街道吴主任："在只有部分农户拆迁的组，假如进行了拆迁，那么征地推行的难度会很大，除了没有拆迁的居民会'眼红'之外，拆迁的居民之间也会有矛盾，比如说你家里评估价是100万元，最后拿了150万元，而我家里评估价是100万元，但最后只拿了130万元，拆迁中的不满，农户会在征地签字时提出来，据此不愿意签字。而且征地是抱成团的，你家里是10亩地也好，5亩地也好，都是一样的，都是8万块钱，而拆迁是各个击破的，操作方式截然不同，如果要同时进行的话，是很难的，众口难调。"（访谈，SZJJWZR20151216）

面对异议，孙书记做出了决定，拆迁与征地的顺序应该按照土地整理的阶段有所区别，在项目刚开始的阶段，应该"先难后易"，如果房子都拆不了，地自然也拿不走。一般正常情况下，如果拆迁能签了，那么将征地协议一起签就行了，拆迁谈好了，征地也谈好了，如此顺水推舟，速度就快了。而且签订拆迁协议后的拆除对于农民的心理冲击是很大的，也能直观体现征地与拆迁的大势所趋，所以，这个阶段要以拆迁为主、征地为辅，毕竟相较于拆迁来说，征地相对好操作一些。在整个项目拆迁接近尾声的时候，面对还没有进行拆迁的小组要尽量先征地后拆迁，因为遗留下来的都是在拆迁上难以调和的"刺头"，不能因为个别组的个别户的拆迁而影响征地的进度。

除了明确征地与拆迁的顺序之外，孙书记还提出了"劳动锦标赛"的模式，主要分为两种形式展开，每天统计征地和拆迁完成的情况以及每周召开工作会议。根据孙书记的要求，项目开展后每天下午4点，各个小组都需要把今天签约和谈判的情况，向三洲街道的主要领导报告。每组的组员将详细的任务完成情况发送到每个工作组的组长那里，再由组长进行汇总后通过短信的方式发送给三洲街道的主要领导。如果组长没有时间的话，也可以在桥村找一个联络员，让他负责发给主要领导。除了每天汇报之外，孙书记还提出了开会的方式，分为不定期的汇报会与每周固定的指挥部会议。之所以有汇报会是为了防止数据有偷报和漏报的情况，这种检查方式让工作人员不敢多报或者少报，因为突然召开汇报会的话，就会被发现。在每周固定召开的指挥部会议上，会将这一周整个土地整理项目的工作进展情况"记录上墙"，在黑板上，整个土地整理项目的9个工作小组的征地与拆迁的具体进展情况一览无余，黑板上的工作进度表主要由两部分组成——房屋搬迁情况以及土地补偿情况，其中，房屋搬迁情况又分为总数、入户情况（入户数、入户率、当日完成情况）、签约情况（签约数、签约率、当日完成情况）和交钥匙情况（交钥匙数、交钥匙率、当日完成情况）；土地补偿情况分为预计总数、签约数、签约率、当日完成情况。在表格的最后，还有备注，是供各组组长填写情况说明的。每周开会的时候，三洲街道的主要领导都会对相应的结果进行分析，进展缓慢的小组会受到批评，而进展迅速的小组则会被插上红旗，以示鼓励。虽然受到批评的小组在短期内不会受到惩罚，但是在整个项目结束后的年终，三洲街道会将土地整理项目纳入重点工作的考评，由三洲街道的主要领导对参与土地整理项目的街道干部打分，然后进行评级，级别有优秀、称职、合格以及不合格，而级别是直接与奖金挂钩的，如果级别是优秀、称职，则可以获得一等奖和二等奖，是合格的则没有奖励，而不合格的可能会面临"问责"①。

---

① 年底的考评是与年初的"考核责任制"相联系的，街道干部在签订了年初"考核责任制"之后，年底街道主要领导会依据岗位责任完成的情况，逐项打分，而重点工作的完成情况就是其中很重要的一项。如果考核的分数非常低的话，则会被"问责"。

第三节　征地任务的分配："撂挑子"与"接担子"

虽然在三洲街道的分工表中，并没有细化到征地和拆迁具体工作人员的分工，但在实际土地整理的过程中，分工是比较明确的。在拆迁中，因为村干部对桥村的情况更了解，所以由各个组的村干部为三洲街道干部以及其他工作人员"引路"，由街道干部主要负责拆迁；而对于征地，则全部由桥村"包干"，在需要征地先行的村民小组都是由村干部将征地任务完成后，街道干部才会"进场"；在征地与拆迁同时进行的小组中，征地部分也是由村干部负责；而只有征地没有拆迁的村民小组则由桥村负责全部任务。

一　从"主导"到"发包"

三洲街道在征地任务上彻底"撂挑子"，转由行政村"接担子"的工作方式源于从 2008 年 6 月开始推行的征地拆迁上的"属地管理"。在《关于进一步加强征地拆迁工作的会议纪要》（江政发〔2008〕2 号）中，要求将建设、国土等部门的工作重心下移，充分发挥镇区在基层和群众工作上的优势和作用，强化镇区在征地、拆迁工作中的责任。各镇区要充分发挥村组优势，创造性地推进落实工作。今后，凡是重点项目建设涉及征地、拆迁的，按照"属地管理"的原则，由项目所在地镇区负责，其他单位也要在各自职责范围内，全面履职，密切配合。按照该文件的要求，曾经在征地中全权负责的国土局将大部分责任交给了项目所在地的镇区，相应地，镇区由征地执行者变成了征地组织者，全面负责相应项目的征地，而国土局负责的则是征地的业务指导等工作。虽然镇区政府的权力有所增加，但是与权力相伴的更多的是责任。

为了调动相应镇区的积极性，在该文件中还明确表示，在规定时间内及时完成征地、拆迁工作目标任务的，会被给予一定的精神和物质奖励。

2012年，三洲街道开始了大规模征地，在刚开始进行土地整理的时候，三洲街道按照"属地管理"的原则，揽下了征地、拆迁的大部分任务，国土局征地事务所只需要负责协议的拟定和正式协议的签订。在2012年，三洲街道并没有让涉及征地的行政村"包干"征地，而是与原来一样，拆迁与征地都参加。但是，街道干部很快就发现，由于征地、拆迁的面积很大，如果两项工作都参与的话，往往"心有余而力不足"，无法按时完成任务。随着征地、拆迁的经验逐渐丰富，三洲街道决定充分发挥行政村的作用。尤其是在这次土地整理项目中，由于新征地操作规则中对签字率的要求，三洲街道的征地工作量变大了，由原来的只需要村民小组长签字变为了如今的需要"每家每户"上门签字，为了尽快完成土地整理任务，三洲街道将整个项目的征地任务分配给了相应的行政村。同时，为三洲街道以向村里支付管理费的方式来调动各个村的积极性，按照《江洲市土地出让成本控制与收益分配管理办法》（江政发〔2012〕62号）的规定，负责征地、拆迁包干的镇（街、区）征地按0.5万元/亩的标准提取管理费，结合江洲市对街道管理费的标准，三洲街道决定按0.3万元/亩的标准提供各个村的管理费。征地中获得的管理费，村一级不能以奖金或是工资的形式进行发放，其性质是集体所有，这部分费用主要用作征地期间，街道人员在行政村的工作餐以及一些征地矛盾的处理，比如组与组之间的矛盾等。

除了"属地管理"的要求以及提高效率的需求之外，三洲街道之所以将征地任务分配给各个村，还有一个重要原因——相较于街道，村一级能更好地完成征地任务，能将出现征地矛盾的风险降到最低。之所以能更好地完成任务主要有两个方面的原因，首先，村干部对村民小组的历史遗留问题更了解。

> 三洲街道付主任："征地推行不下去，为什么镇里面解决不了，因为它会涉及很多历史遗留问题。以前征地、拆迁的矛盾村干部自己去解决过，他们知道这家为什么不签征地协议，到底有什么历史遗留问题，这个矛盾的根源在什么地方，他们很清楚。如果让我们街道干部来弄的话，很容易引发一系列矛盾，那些矛盾才是土地整理项目结束后最麻烦的事情，到时候还是得依靠村干部来解决。"（访谈，SZJJFZR20151210）

其次，村干部对村民小组每一户的情况都更了解。

> 三洲街道姚主任："村干部对人头情况更熟悉，比如我们三个人是一家子，里面是我做主，那么村干部知道找我签字就行了，即使我老婆不满意，不想签，也没用，因为户主已经签了，我们三洲街道的也不知道谁是户主，往往会干无用功。还有啊，有的生产队有那种'棍子'①，村干部可以去打打招呼，最起码他觉得村干部来找他，他觉得脸上有光，也不会趁着征地故意挑事，否则会很麻烦。而且只有村干部打招呼才有用，街道干部下去，谁也不认识，平常跟他们也没什么交流，不会有人给你面子的。"（访谈，SZJJYZR20151213）

也就是说，村干部由于经常与该村的农民打交道，对该村的基层工作和人员信息都更为熟悉，在征地中也能更好地处理相关问题，可以将出现遗留问题的风险降到最低。在拆迁中，弹性和余地相对比较大，最后的价格与之前的评估价格相比可能会相差

---

① 当地土话，通常指的是地痞、恶棍。

几十万元，并不是一成不变的，所以即使对农民的情况不"知根知底"的乡镇干部，在村干部的引荐下，也能够顺利入场，进行拆迁谈判。但是在征地中，几乎任何没有"弹性"，因为地价是硬指标，没有商量的余地，所以在推进征地时，必须要用"做思想工作"的办法，而这个办法由与农民更为熟悉的村干部来操作的效果要比街道干部好得多。

面对三洲街道 2014 年度的重点工作——产业园土地整理项目中的征地任务的分配，桥村并没有太多选择的余地，必须服从。相对于常态化的条口工作，作为重点工作"重头戏"的征地任务具有阶段性、时效性、强制性的特点。常规性的条口工作每年都需要完成，比如环境整治与征兵，而重点工作则一到两年才有一次，所以具有阶段性的特点，在这个阶段需要集中大量的人力、物力，要尽可能快地完成这项工作；而且重点工作是有时间节点的，并不像日常工作那样，要长达一年的时间去完成，到年底才会检查。重点工作的完成时间是有硬性规定的，比如这次的项目，必须要在半年左右的时间内完成，因为如果不完成的话，会影响项目的进场，从而引发一系列连锁反应；重点工作还具有强制性的特点，即对于完成工作的程度有强制性的规定，比如这次土地整理中规定的签字率必须要达到 80% 以上，日常工作的标准则是"弹性的"，比如环境整治，并没有强制性的标准要求村干部去完成。而重点工作就不同了，比如这次，三洲街道需要的是签字率，而且必须完成。按照村委会组织法的规定，街道与村委会的日常关系应该是"指导"与"协助"的关系，但是在分配征地任务的时候，这种关系发生了很大的变化，变成了"命令"与"服从"的关系。而且在三洲街道的干部看来，为了保证重点工作的完成，这种关系的出现是理所当然的。

三洲街道郭主任："也许在其他工作中，村干部会有一定的自由和弹性空间，但是在征地中，必须要下级服从上级，村一级必须服从党委、市委统一安排，不是你想做就做，不想做就不做，你愿意也好，有想法也好，可以保留。但是你事情必须要做，下级要服从上级。不想干就辞职，'在其位谋其政尽其责'，这个最基本的东西。不在位置上不做，你现在在这个位置上你必须做，除非你不干，不干总有人干。"（访谈，SZJJGZR20151211）

二 "三管齐下"的策略

虽然街道干部需要村一级的"服从"，但是作为村民自治组织，一些村干部的政治觉悟远不及街道干部，他们无法做到对上级的"绝对服从"。面对突如其来的征地重担，村干部起初也"颇有微词"，他们认为在过去都是由国土局的征地事务所和三洲街道全权负责征地，而村一级只需要"尽地主之谊"，协助工作人员入户即可。但是在这次的征地项目中，需要村里主持大局，三洲街道配合，征地事务所几乎不参与，就连征地补偿款也是先打到国土局的征地事务所，再转到村委会账上，让村委会再分配给生产队。不过，这种不满在三洲街道一系列的措施之下显得苍白无力。为了保证村一级对街道的绝对配合，街道对村一级实行了"经济权力限制""重点工作考评"以及"村干部的激励约束机制"。

正如前文所提到的，2001年，江洲市政府颁发了《关于推行村账镇管的意见》（江政发〔2001〕25号），通过"村账镇管"街道进一步加大了对村级经济活动的监督制约力度，贪污、挪用、随意开支的现象有所缓解，但是由于仅仅对村级财务账进行监管，对村集体资金疏于管理，村一级对于集体资金的调配的自由度依然比较大，存在开支随意、村级项目"暗箱操作"的问题。在2013年，中央提出了"八项规定"，提出了要进一步弘扬艰苦奋斗、勤俭节约的作风，规范村级财务管理，严肃财经纪律，促进社会发展，维护和谐稳定。为了进一步响应党中央的号召，江洲市政府委托审计局对全市的 16 个村进行了财务审计，审计结果出来后，发现了很多问题，而三洲街道的大部分村都存在违纪现象。

为了进一步监督村一级的经济情况，三洲街道在学习了四川等地的经验之后，结合三洲街道的实际情况，提出了"双代理"的财务管理办法，在"村账镇管"的基础上，实行了村集体资金的委托代理。在《三洲街道村级财务管理办法》（街委发〔2014〕13 号）中，三洲街道要求在保证村集体资金所有权的基础上，村两委会经村民代表会议授权，将村集体的账务处理和货币资金（现金存款）管理委托乡镇农村财务规范化管理中心负责，从而实现会计电算化财务处理和货币资金监督管理。该办法明确规定了村级现金和存款管理、民主理财和财务公开、财务收支预决算、财务收支管理和审批、债务债权管理、审计制度、责任追究以及票据管理等相关内容。

虽然该办法强调了村两委授权的前提，但是在某种程度上仍然违背了《村民委员会组织法》，侵犯了村民的自治权。根据《村民委员会组织法》的第二条规定，村民委员会是基层实施自我管理、自我服务与自我教育的自治组织，坚持民主选举、民主监督、民主管理和民主决策的基本理念。村民委员会负责本村的公益事业和公共事务，调节民间纠纷、协助维持社会秩序、向人民政府提供建议并反映村民意见等。与此同时，村民委员会还向村民会议以及村民代表会议负责并汇报工作。也就是说，在包含经济生活在内的社会生活的各个方面国家都提倡施行村民自治，而三洲街道"双代理"制度的出台，加强了街道对村级以财务收支为核心的经济活动监督制约的力度，也强化了街道对村一级的控制。

除了经济的监督外，三洲街道还将重点工作——征地纳入了考评。在每年的 2 月，三洲街道会与各个村签订定额干部①考核责任制的协议书。在考核责任制的管理模式下，三洲街道通过该制度进一步加强村一级对征地任务的贯彻。在 2014 年 2 月三洲街道与桥村签订的 2014 年度定额干部考核责任书中，村干部的总报酬由基本工资和奖金两大部分组成。将 2014 年责任制结算作为村委会主任的报酬标准，党组织书记按此标准的 110%、副书记按此标准的 95%、会计按此标准的 90%、其他定额干部按此标准的 80% 计算。其中，工资由基本工资和考核工资组成，考核工资实行百分考核。② 奖金由四部分组成：重点工作奖，实行百分考核；经济发展奖（规模奖、速度奖、净收益奖）；突出贡献奖以及其他奖励。奖金中的重点工作奖与征地任务的完成程度息息相关，重点工作分为综合安全、秸秆焚烧、建房和土地管理、服务重点工程等十项，其中，服务重点工程的分数为 10 分。在考核体系下，三洲街道的重点工作成为村干部执行任务的"指挥棒"，任务执行状况以及配合程度等则会对村干部的福利产生一定的影响。

在考评制度中，虽然将村干部的组织目标完成情况与其福利待遇挂钩，但是并没有明确提及组织目标的完成与对其个人仕途的影响。在江洲市 2012 年颁发的《关于进一步完善农村干部激励约束机制的意见》（江政发〔2012〕94 号）中进一步完善了对村党组织书记的激励约束机制，在该意见中，对优秀现职村党组织书记实行进专项事业编制的激励措施，主要有三个方面的内容：①每三年评比表彰一次"科学发展十强村"，对村党组织书记按照集体年经营性收入的 0.5% 予以奖励。②满足年龄、党委政府、群

① 定额干部即镇管干部，通常由三洲街道发放工资，除定额干部外的村干部的工资和奖金由各个村进行发放。行政村内的定额干部通常为村党委书记、村长、村会计以及村委会的主要干部。

② 百分考核是指按各村完成各项工作的实际情况，由主管部门打分，分管领导签字确认，每分的结算标准不低于 100 元。各项考核工作所涉及的量化指标，以街道统计部门出具的数据为准。

众公认，基层党员群众的满意率达80%以上、任期内未发生有重大影响的群体性事件等基本条件的村党组织书记，除了按原渠道领取基础工资和考核报酬之外，享受与镇（街、区）事业编制人员同等的保障待遇。③对优秀限制村党组织书记，符合《干部任用工作条例》规定的基本条件，根据工作需要，可优先提拔进入镇（街、区）领导班子。除了激励机制之外，该意见还明确提出了约束机制，若村干部存在履行岗位职责和目标承诺完成情况较差；在市镇重点工作中表现不佳、不能完成工作任务；因工作失误造成集体重大损失或产生恶劣影响；因自身原因造成重大信访或重大群体性事件等情况的，由镇（街、区）进行问责、给予警示谈话、通报批评、停职检查、免职等处理，并降低考核报酬；情节严重的，取消定额干部身份。该意见的出台将重点工作的完成程度直接与村干部的仕途挂钩，从政治上强化了街道对村干部的控制。

面对三洲街道征地任务的指派，桥村的村干部虽然起初心存不满，但最终还是在三洲街道的主要领导面前承诺保质保量地完成征地任务。主要有三个方面的原因：首先，《村民委员会组织法》规定村民委员会要协助乡、镇人民政府开展工作；其次，街道从经济、政治等方面对村干部建立了激励约束机制，村干部必须要完成街道指派的征地任务；最后，由最了解行政村各方面情况的村干部进行征地，可以将出现征地矛盾的风险降到最低，也就是说，能在很大程度上减少日后处理征地矛盾的麻烦。

2014年10月，在前期准备工作完成后，三洲街道开始大规模推进土地整理。按照之前孙书记所要求的"拆迁为主，征地为辅"的原则，在"劳动锦标赛"的激励下，所有工作组的工作人员都采取了"5 + 2""白加黑"模式，一个星期工作七天，还经常日夜颠倒，加班加点地劝说农民签字。到了2014年春节前，桥村的拆迁任务基本完成了，只剩下十几户"疑难户"，但与拆迁的"战绩"大相径庭的是，征地任务只完成了 30%。在征地、拆迁并存的 13 个村民小组中，只有 6 个村民小组完成了征地任务，而涉及征地的 6 个村民小组则一户未签。在桥村 2014 年春节前的述职大会上，陈书记明确指出，要将征地任务作为桥村春节后工作的"重中之重"。

> 陈书记："大家都知道，现在有一个重点工作落户我村，即生产性服务业集聚区土地整理工作。这一大工程能否顺利施工从某种角度来讲，要看涉及我村被征地相关小组的工作能否顺利进行，而该项工作能否顺利进行不但要看广大村民是否理解和支持，还要看村两委一班人的工作状态和工作力度。虽然去年我们也着重搞征地，但是没有达到预期的效果，正常去年至少要征 8 个生产队，现在只有 6 个生产队完成了任务，今年要用拆迁的办法来促进征地，要根据剩下的任务，重新分组包干，确保完成征地任务。为了按时完成上级党委和政府布置的任务，我们一定要不怕苦，不拍累，迎难而上，确保任务的完成。"（田野笔记，QCSZDH20141218）

2014 年春节过后刚上班不久，桥村的陈书记就召开了定额干部的会议，商讨"分组包干"的具体安排。正如前文所说，截至春节，总共有 12 个村民小组没有完成征地任务。在会议上，陈书记提出以日常分工包组的村级工作人员为主力军，再将主要村干部分配到各个组进行协助，每个分工组有两名村干部进行配合。此外，根据征地任务的完成情况，分工组的搭配是不断变化的，提前完成征地任务的村干部还要再被调配到剩下的村民小组中协助完成任务，最终一起来攻坚。除了明确"分组包干"的人员之外，陈书记还在会议上强调了推进征地的方法，他认为分到各个组的村干部应该充分发挥村民小组长的作用，多对村民小组长进行督促，多配合，不能"单打独斗"。关于村民小组长的要求要及时反馈到村里，比如是否要开村民会议等重要信息要及时汇报。在内部会议结束后的下一个星期的周一，陈书记在桥村的晨会上宣布了征地分组的具体方案与方法，最后，他还提出除了三洲街道定期召开的指挥部会议以及拆迁小组的会议之外，在桥村每周一的晨会上，村干部必须依次汇报上一周的征地情况，并针对下一周的征地任务提出设想。通过"分工包组"，桥村的所有工作人员都加入了征地的大军，自此，桥村的征地工作才正式开展。

第四节　小结

本章主要论述的是在应对新征地方案出台的过程中，街道干部与村干部两者的权力关系发生了从"指导与协助"到"行政发包"的转变。在平常的条口工作或者是之前的征地项目中，街道大都"主持大局"，而村一级是"协助者"，只要负责配合，协助街道干部完成工作，也就是说在规则改变之前，街道与村一级的关系更符合《村民委员会组织法》中所规定的"指导"与"协助"关系。在这一层关系中，村一级有一定的自由余地，因为完成街道任务的标准不确定，所以村干部可以自由分配完成任务的时间，即使任务完成得不充分或者在时间上有拖延，只要没有影响到街道的整体管理，也不会受到相应的惩罚。但是在这一次的征地项目中，由于操作规则的改变，为了更高效地完成协议签订任务，并将出现征地矛盾的风险降到最低。街道选择了由对当地情况更为熟悉的村干部"承包"征地任务。周黎安（2014）首先提出了"行政发包制"的概念，他将其界定为政府内部上下级之间的发包关系，作为一种理想类型，它既有别于韦伯意义上的科层制，也有别于纯粹的外包制，是居于两者之间的一种混合形态。他认为，行政发包制在行政权分配、经济激励和内部控制三个维度上呈现相互配合和内在一致的特征，体现中国政府间关系和治理模式的长期稳定而鲜明的特征。

在这次土地整理项目中，三洲街道与桥村的关系与周黎安所界定的"行政发包关系"有一定的相似性，但又存在一定的区别。在征地过程中，三洲街道将征地任务"发包"给桥村，从主观的角度，桥村增加了一项任务；从客观的角度来说，桥村增加了权力。通过征地任务的"发包"，三洲街道将部分权力下移了，作为发包方的三洲街道拥有正式权威（监督权、指导权等）和剩余控制权，而桥村则拥有具体的执行权和执行过程中的决策权、裁判权。按照周黎安的解释，承包方还以自由裁量权的方式享有许多实际控制权，但在三洲街道的征地中，这种权力资源的增加并不意味着村干部自由余地的增加，桥村拥有的自由余地十分有限，甚至少于征地之前。因为在权力下移的同时，三洲街道的管理权和控制权也下移了。三洲街道在"村账镇管"的基础上施行了"双代理"，将桥村的账目和资金全部纳入街道的监管，桥村无法在征地补偿款中赚取差价，也就是说，桥村村干部作为承包人，不拥有剩余索取权。此外，正如上文所提到的，三洲街道还通过"劳动锦标赛""重点工作考评"等方式促使桥村在有限的时间内，加速完成征地任务。

除了"权力下移""激励与约束并存"的特点外，街道与桥村的权力关系还存在"结果导向"的特点，这一点与"行政发包关系"一致。三洲街道在下达征地任务后，并没有直接对桥村的征地程序和方式进行监管，相较于过程，街道更在乎征地的结果，是否达到了之前所指定的标准——80%的签字率。在桥村具体推进征地任务的过程中，除非三洲街道主动问询，否则，桥村并不会向上披露征地任务的完成情况，当然三洲街道也极少在征地过程中进行督促，其制定的相关考核也只根据征地结果来进行评判。

综上所述，征地过程中，街道与桥村的权力关系是一种紧密型的"行政发包关系"，既具有"行政发包关系"权力分配、强激励和结果导向的特点，同时又在自由裁量权和剩余索取权上有所区别。紧密型的"行政发包关系"与普通的"行政发包关系"相比，承包方的自由余地和剩余索取权相对更少，与上级的联系更为紧密。此外，街道与桥村关系的改变，也在一定程度上反映了村干部在治理过程中的参与度提高了，在原来"指导与协助"的权力关系下，在推行重大项目时，虽然村干部也参与其中，但扮演的是协助角色。而在"行政发包"关系中，虽然街道对村干部的监管更为严格，村干部的自由余地变少，但村干部由于承包了征地任务而成为重大项目之中的主导者之一。而村干部角色的变化在客观上也提高了村民小组长的参与度，因为原本由村干部扮演的角色由村民小组长代替了，村民小组长成为协助征地的重要人选。

第六章　村干部与村民小组长：从"上传下达"到"逆向依赖"

在2.5产业园土地整理项目之前的桥村，村干部与村民小组长之间主要是一种"长传下达"的权力关系，即村干部和基层政府向村民小组长传递相关的要求，再由村民小组长作为"传送带"向农民传达信息。同时，这种模式也是双向的，农民也会向村民小组长提出相应的需求，由村民小组长传递给村干部以及基层政府相关信息。也就是说，上传下达中，村民小组长的主要任务是协助村干部开展相关村务，促进基层政府各种组织目标在农村的实现，但是村民小组长在政策执行中并不是不可绕开的重要角色，如果某个村民小组组长不负责任的话，村干部会绕开村民小组长直接与农民沟通。而在这次的2.5产业园土地整理过程中，由于征地操作规则的改变——要求每家每户都要签字，签字率要达到至少80%。村干部作为征地任务的"承包人"，采取了利用村民小组长带动村民签订协议的策略，这种策略使得两者的权力关系发生了从"上传下达"到"逆向依赖"的转变。

第一节　"县官不如现管"：村民小组长角色的转变

村民小组经历了从清朝的"牌"到"生产队"的变迁过程。

清代县以下地方基层组织基本上是二级结构，即乡（保）、甲（村）。康熙四十七年（1708），清政府在整顿保甲的法令中首次提出了牌、甲、保的保甲组织结构，即"直省府州县，自城市达于乡村，居民十户立牌头，十牌立甲长，十甲立保正。"（孙海泉，2003）保甲制度时的"牌"，是国家按地缘关系组织起来的基层社区组织，其主要功能是对国家赋役钱粮的承担。而在"队为基础，三级所有"的人民公社时期，"生产队"的主要作用是集体经济组织。我国实施村民自治之后，在农村地区实施村组治理结构，以原来的生产大队为基础构建村民委员会，在原生产小队的基础上建立村民小组（程同顺等，2010）。《村民委员会组织法》中有关村民小组的内容并不多，缺乏对于村民小组具体工作职责、权限以及作用的详细说明，仅有三条规定简单提及了村民小组。其中第十条规定，村民委员会可以根据村内情况设立村民小组，小组长施行民主会议选举。第十三条则规定，村民选举委员会成员由村民小组或村民会议推选。在第二十一条中规定了村民代表由村民小组推选或者由村民按照 5～15 户推选出一人。由此可见，当前的法律对于农村是否需要村民小组并没有硬性规定。

村民小组是典型的"熟人社会"（贺雪峰，2003），是乡村社会的人情与生活的基本单位，一个村民小组通常由 20～30 户农户组成，通常户与户之间有一定的亲戚关系，除了作为农村生活的基本单位外，村民小组具有集体经济组织的性质，是集体土地所有权的实际承担者之一。作为村一级组织的基本单位，村民小组需要有一个组织者，不论是习俗公认的抑或上级指派的（贺雪峰，2004）。村民小组长是村民小组的主要责任人，他对于村民小组的管理起到总领性的领导作用。村民小组长既要主持村民小组内部事务，比如红白喜事、邻里纠纷等，还要充当村干部与农民之间的"传送带"，如果缺少村民小组长的组织，原本就缺乏凝聚力的农民会更加散漫。当前，中国农村社会的研究者，很少关注村民小组这一层面。即使有学者提到了村民小组作为集体经济组织之外的政治组织的作用，但也大都认为其政治资源十分有限，在很多情况下，村干部直接越过村民小组长，处理村民小组的事务（于建嵘，2002）。还有学者认为随着农业税的取消，计划生育政策的放开，村民小组的行政功能逐渐弱化，权力逐渐上移。此外，随着改革开放带来的经济发展，村庄固定人口逐渐减少，"空巢化"现象严重，很多农村都将原有的村民小组合并或者取消。再加上宗族关系的淡化，村民小组的社会功能也日益淡化。除了诸多功能淡化的现状外，村民小组在农业资源、规模经营、村庄现代化整体规划等方面都起到了阻碍作用，不利于"三农"的统筹发展（常利民，2009）。本书认为，虽然近年来村民小组的功能有所弱化，但彻底消失的话还需要一个漫长的循序渐进的过程。在村民自治不够完善的阶段，贸然取消村民小组并不合理，因为在当前的乡村治理结构中，村民小组依旧是基础性的一环。

在本次土地整理事件之前的桥村，村民小组长发挥着两方面的作用。一是"公益性"作用，管理本村民小组的内部事务，维护本小组的和谐与秩序，积极回应本组村民在生产生活中的各种要求；二是"工具性"作用，也就是扮演"上传下达"的角色，既向村干部和基层政府传递农民的要求和信息，又向农民传递基层政府或者村里的相关要求和信息。还需要协助村干部开展相关村务，促进基层政府各种组织目标在农村的实现。其中，村民小组长的作用以"工具性"为主，虽然村民小组长没有直接治理村庄的权力，但村干部在进行具体的工作之前，需要村民小组长面向村民召开相应的动员会议和传递国家的各种政策精神，在村民小组长进行劝说后，村干部的各项工作才会进行得更加顺利。

除了"工具性"作用为主之外，村民小组长的"公益性"职能近年来也逐渐凸显。在桥村，村民小组长往往是这个村民小组相对有责任心、公平、公正的能人，其权威的主要来源是农民的信任，而村民小组长自身也是农民群体中的一员，其自身利益与农民的利益是一致的。所以，相较于"工具性"职能，村民小组长对"公益性"职能具有天然的偏爱。

> 28 组农民严华青："我们组的队长比较公正、公平，对自己家里人跟对我们都是一样的，不像有些队长有私心，平时，我们队里也没什么特别的事情，队长平时也在外地打工。需要麻烦他的主要是红白喜事，其实婚礼是无所谓，因为家里人会筹办，但是葬礼的话，他再远也会赶回来进行安排，葬礼是必须要队长牵头的，杂七杂八的事情太多了，他回来就能安排得井井有条。"（访谈，YHQ20150309）

由此可以看出，虽然村民小组长待遇很少也费神费力，但一旦当选，通常当选人都会比较负责，因为尽心为农民服务，既维护了自己作为农民一员的合法权益，同时还收获了其他农民的尊重，使得其自身更有责任感和成就感。

但是，村民小组长的角色在这次征地中有了明显的变化，这种变化主要体现在村民小组长与村干部的权力关系上。在具体推行征地的时候，桥村的村干部并没有先积极主动地挨家挨户上门"做工作"，却主要做村民小组长的工作。而村民小组长也不再是发挥"上传下达"的作用，而是成为村干部推进征地过程中所依赖的对象。正如前文所说，在桥村的工作汇报晨会上，该村陈书记多次强调要发挥村民小组长的作用，如果组长能推动征地协议的签订，那么就以组长签订协议为主，如果有困难，村干部可以配合小组长。

问：“你们强调队长①的作用是因为土地是集体所有的，所以必须要优先找队长吗？”

陈书记：“这个不是。跟他谈的目的就是，征这块地，他不能设置障碍，必须把他的工作做通了，否则他会帮我们设置障碍，增加阻力。”

问：“他能设置障碍增加阻力是因为他是被选上来的，能带动一部分人，是吗？”

陈书记：“县官不如现管，就算县长到小小的村民小组还是要先找队长。他管事，最起码对他整个生产队②的情况很了解，在最基层的一线。任何工作就必须通过这条线。不论用任何办法，都必须要先把队长和队委③的思想工作做通啊，这是最起码的。我们只认队长，生产队有事情必须要队长来找我，你都不承认他是组织中的一员，那我们还下去工作吗？没办法工作的。”

问：“为什么？”

陈书记：“如果不做通，因为他会做反面工作，普通农民做反面工作毕竟是他一个人，但是这种队长他可以带动一片呢，毕竟不管他工作能不能做通，但是选举的时候他的票数最多，也就是说选他的农民最多。即使队长在被选出来之后，因为种种行为不得人心，但是支持他的那三五个人肯定还是维护他的。”（访谈，QCCSJ20150301）

---

① 虽然队长是人民公社时期对生产小队管理人的称谓，现在的普遍称谓是村民小组长，但是在调查过程中，村干部以及农民通常使用的都是队长这个词，所以笔者在与相关人员进行交流的时候，采用的是“队长”，文中的“队长”等同于“村民小组长”。

② 生产队是人民公社时期的一种组织形式，虽然现在改为村民小组，但是桥村的居民依然习惯将村民小组称作生产队。

③ 队委与队长一样，都是人民公社时期的称谓，队委等同于“村民小组主要管理人员”。

从陈书记的话中可以看出，桥村之所以采取先做村民小组长的工作，主要有两个原因，首先，村民小组长是被农民选举出来的，所以有很深的群众基础，可以在很大程度上，影响农民对征地的态度。其次，在陈书记看来，村民小组是基层自治组织的末梢，有一定的政治影响力，"冤有头债有主"，涉及村民小组的事情，必须要先了解村民小组长的意见。虽然桥村如此看重村民小组长在征地中的作用，但在实际征地的过程中，在涉及切身利益的时候，村民小组长还会像接受平常村级任务的时候那么配合吗？如果不配合，村民小组长会利用自身的权力，带动农民不签协议吗？如果真的发生了这种情况，村干部该如何处理呢？带着这个疑问，笔者对征地过程顺利的 28 组、征地过程反复的 20 组以及征地难以推进的 23 组进行了调查。

第二节　28 组：强权威与强利益 下的顺利征地

在 9 月 30 日召开了土地整理动员大会之后，桥村拆迁与征地的"号角"正式吹响了。桥村在土地整理中主要有两大类型的村民小组，只有征地的村民小组以及既有征地又有拆迁的村民小组，相较于只有征地的村民小组，既有征地又有拆迁的村民小组成为三洲街道"攻坚"的首个目标。28 组就是众多征地与拆迁并存的村民小组中的一个，虽然 28 组的拆迁户与征地亩数的数量都属于中等，但是它的征地协议签订速度却是这次项目中最快的，在 2015 年伊始，整个 28 组的征地协议已经全部签订完毕了，而当时的其他村民小组大都只签了几户。为什么在整个项目刚刚预热的阶段，28 组的农民就全部签订了征地协议？带着诸多的疑问，笔者来到了大寨河液化气站旁的 28 组。

一　打铁还需自身硬

28 组征地签字过程一开始虽然没有明显的阻碍，村民们很愿意与村干部进行沟通，但是在相互沟通了十多天之后，仍然没有村民愿意主动签字。分配到 28 组的村干部方书记仔细地回忆起这几天与村民沟通的情况，目前 28 组围绕征地并没有突出的不满，在他进行了政策解释之后，也没有很明显的执拗分子"跳出来"与他进行辩驳，之所以农民没有发出积极信号，原因很可能还是在于以队长为首的村民小组管理人员没有表现出积极的态度，他认为是时候借队长的"东风"了。在开完村民委员会一个星期左右的时间，也就是 11 月中下旬，方书记与队长联系，到其中一个队委家里召开了队长、队委的小型会议。

> 严华洪队委："方书记开会时叫我们回去再做做工作哦，价格肯定是八万元一亩，价格政府已经下了死命令了，不可能多的。他说帮忙做工作，在拆迁这方面以后会适当地考虑我们。"
>
> 问："为什么方书记会先找你们做工作呢？"
>
> 严华洪队委："村里的老百姓'百人百心'，村里的干部直接找老百姓谈什么都谈不成。他先开会，把政策宣布一下，然后他先做我们五个人的工作，你说好不好做？如果叫你做二十几户的，像我们组的，一个组都二十几户，二十几户是不是难做？他把我们五个人的工作做好以后，我们再去做老百姓的工作，跟老百姓谈，村干部是不是就会轻松很多啊？"
> （访谈，YHH20150214）

俗话说"家有主，庙有神"，通过队长、队委的会议上拆迁"利益连带"的承诺，方书记赢得了 28 组的"当家"队长以及其他村民小组管理人员的支持，虽然队长与队委内心也可能对价格等有所不满，但是对于村干部的主动"联谊"，他们也没理由不接受，毕竟不存在巨大的利益冲突，还能在拆迁上享受一定的利益，何乐而不为呢？方书记在做好 28 组的队长、队委的工作之后，也松了一口气，至少队长、队委由原来的按兵不动，变成了现在的主动附和，也愿意帮助村里征地，这样一来，28 组的征地也许会相对顺利一些。

（一）"舍"与"得"

在方书记到 28 组找队长、队委开会后不久，28 组就开始量宅基地和总田亩数了。在量宅基地的时候，有关界址的纠纷在 28 组村民之间爆发了。过去 28 组的两边都有河道，河道附近总共有三排房子，其中两边村民的房子依河而建。随着人口的增加，曾经的宅基地面积远远不够了，于是，靠着河道的村民就开始通过填河来扩大自己的宅基地，而扩大的面积就用田来跟别的村民换。起初在没有征地拆迁的时候，中间那排的村民也默认了靠河道村民的填河行为。但这次在量宅基地面积的时候，矛盾出现了。中间那排的村民认为两边的村民侵占了公共河道的面积，如果按照现在的宅基地面积来算，他们在分配征地款的时候，就会有直接的经济损失。但是，"公说公有理，婆说婆有理"，没有村民能拿出令人信服的凭证。因为宅基地的界址问题，中间的村民与两边的村民各执一词，僵持不下。

正在这个时候，方书记给潘队长提出建议说，可以按照 1986 年江洲市统一丈量的宅基地面积来算，因为在 1986 年之前江洲市并没有准确的宅基地面积，1986 年的"红本子"是目前官方宅基地数据最早的记录。而队长家的宅基地也侵占了河道，他们家弟兄三个，老宅基地的面积不够，于是队长与其二弟两个人就将原来的宅基地留给了最大的兄弟，自己选择了集体的低田作为宅基地。当时他建房子的时候，是按照村民小组的规定建的，没有超面积，但随着他们家人口的增加，在翻新旧房子的时候，他就拿自己的田换别人家的地。后来宅基地越变越大，扩充的面积里面还有公共河道的部分。面对方书记的提议，潘队长没有拒绝，他思考了一会儿，对方书记表态说，作为队长，他愿意以身作则，同意带头让出侵占的公共面积。方书记见潘队长这么支持工作，他也做出承诺，所有侵占河道农民的填土费用，都会在拆迁费用里面一起补偿。

潘队长的带头舍弃"河道"的行为在村民中引起了很大的反响，也为日后 28 组征地协议的签订进一步奠定了群众基础。在潘队长舍弃个人利益，做出示范之后，靠近河道的村民也对照 1986 年"红本子"上的面积，纷纷让出了自己侵占的河道面积。

> 严华青："队长带头干这个事，愿意让出来，大家都佩服他，这是很关键的。队长都这么干了，我们这哪一家不往外面扩了啊，像我们家占得也不少，虽然不是我建的房子，是我们父母他们盖的，我们家是年代多了。但是像我们队长那个地方，是最近这几年才建起来的房子，才填了一些河道，现在他居然愿意主动让出刚弄的地方，这一般人做不到啊。他新房子都这么做了，我们也愿意主动让，为什么不让呢？但是话说回来，要是他不让的话，我们肯定也不会让的，所以说，队长这个行为是很关键的，他要是不让，征地、拆迁是没法推行下去的。"（访谈，YHQ20150309）

在潘队长主动让出侵占的河道之后，28 组的宅基地测量很快就结束了，也没有其他的问题反映出来。后来，通过与村民的交流，笔者才知道，潘队长已经不是第一次舍弃个人利益了，正是因为他屡次放弃个人利益，缓和村民之间的矛盾，村民才以他为表率，即使其他人做出让步的话，也达不到潘队长的影响力。

蔡华庭："按照我们队里以前定下来的规章制度，以前分田这一块，他家的女儿不住在这里，就分不到钱。后来在238省道改造的时候，征地分田，虽然按照上面的精神，女儿户是可以享受征地款的分配的，在我们前面的生产队也有，在别的生产队也有，女儿户都是分了钱的。但是队长家的两个女儿在那次分配中都没有拿到钱，他不搞特殊，为了减少分配的纠纷，还是采用了曾经的老分配方案。照理说，他完全可以与队委商讨新的分配方案，但是他并没有这么做。"（访谈，CHT20150212）

在就238省道征地款分配情况询问潘队长时，他认为如果他刻意为了女儿的钱去重新弄一个分配方案，也许能拿到钱，但是由此引发的村民间的矛盾是很多的，因为每家都有特殊的需求，众口难调，很多规定都是对你有利，对他不利，最终的方案是一个折中的方案，也是生产队大部分农民同意的方案。既然老百姓通过的是这个方案，他就会按照这个方案的流程去走，虽然是队长，但是他该给的钱肯定给，不该他拿的钱，也绝对不拿。假如他为了多拿征地的钱，去为女儿迁户口，其他农民就会有很大的意见。通过28组其他村民以及潘队长的回答可以看出，潘队长在某些时候舍弃了一些个人利益，但是避免或者缓解了农民之间的纷争，同时也赢得了民心。

（二）"恩威并施"的潘队长

潘队长之所以在28组具有"带头作用"，除了在一些关键时刻，愿意出让自己的利益之外，在平时生活中，潘队长的所作所为也为他带来了其他人所无法比拟的权威。在与村民的交流中，大家都觉得潘队长比较有人缘，老百姓有什么困难他能帮着解决，办的事情比别人要负责。

严华青："队长平时有时候不在江洲，但是有什么事情，能回来的尽量回来，没法回来的，还打电话回来帮我们。"

问："打电话能充分解决问题吗？"

严华青："可以的，打电话能说，因为他家还有他老婆和女婿。"

问："他老婆和女婿说话，别人比较听？"

严华青："别人要是不听，他们就告诉队长，队长还是起作用的。生产队谁家有什么事了，必须要把队长喊回来。比如哪家有葬礼，他是必须来参加的，即使有时候实在没空参加，他也会把事情全部安排好，只要有大事，他基本都是在的，在我们队，他发挥的作用很大。我们上一辈就比较相信他，他连续做了好多年队长了。他人还比较公正，你不好他就说你不好，你好就是好。"（访谈，YHQ20150309）

问："你感觉你们组里谁最说得上话？一说能带动一大片的？"

王永平队委："只有队长哦。"

问："你们队队长当了十几年了，在你们队是不是很有影响力啊？"

王永平队委："也具备一定的组织能力。最基层的队长不是什么大领导，但是也有组织能力。没有组织能力和工作能力做队长干什么呢？就是这个人很有正义感，有钱也好没钱也好，看你这个人本质，本质坏有钱也没用。"

问："是不是队长队委包括你们村的村民代表在处理事情的时候比较公正？"

王永平队委："对。"（访谈，WYP20150401）

这种热心使得潘队长收获了村民的信任，虽然 28 组的大小事情，他都能照顾得到，但是潘队长并不是"老好人"，他的脾气刚烈，在桥村合并之前，他经常和原大队的支部书记吵架，他一腔热血，有一说一，如果有不恰当的事情发生，他就直接指出，并不会顾及别人的面子。"人无完人"，虽然潘队长在处理老百姓事务的时候确实认真负责，但是众口难调，有时候他为了能当选，也会对老百姓施压。据一位村民透露：在上一届选举的时候，她丈夫的呼声也很高，因为潘队长经常在外面跑业务，而她丈夫一直在村里搞电焊，长期在家。队长不在的时候，生产队不论大事小事他都参加，队长不在家，都是他们在帮忙。当年换届的时候，潘队长感觉到了危机，他女婿首先就放出话来，如果有第二个人来当队长，他就对他不客气。后来，潘队长如愿当选了。虽然潘队长的行为不够正当，但是也侧面反映了他在 28 组的权威。在"恩"与"威"的双重施行下，潘队长在 28 组成为关键人物。而他的带头作用在 28 组的征地过程中也成为重要的推进剂。

二　一蹴而就的协议签订

（一）晓之以理，动之以情

经过了"宅基地"的小插曲，已经到了 2014 年 12 月底。在这期间，潘队长与队委们又开了几次小会，商量以哪种方式签协议。按照桥村的指导意见，不建议以开村民会议的形式签协议，因为村民聚在一起，反而容易引发更大的矛盾。再加上众口难调，往往会让一些原本愿意签协议的村民受到影响，这种形式看似有效率，实际操作起来反而最拖延时间。但是，经过讨论，潘队长决定还是采取开村民大会的形式来签协议，之所以采取别的村民小组很少采用的形式，潘队长有自己的理由，其一，通过这段时间的观察，就征地这件事，28 组的农民并没有强烈地反对，大都处于观望的状态，因此，如果开会，并不会爆发大的矛盾；其二，28 组的农民最关心的价格问题，需要在开村民大会的时候由村干部再次表态，因为每家每户去说的效果，没有统一表态的效果好；其三，28 组历来的传统是遇到涉及每家每户利益的大事，必须通过开村民大会的形式商讨，这样比起去每家每户上门签字更显得公平、公正、公开；其四，通过开大会的形式，更能充分发挥队长以及队委的"带头"作用，协议的签订会更有效率。

在确定以开村民会议的形式签订征地协议之后，潘队长和队委决定挨家挨户上门通知开会，也顺便进一步"做工作"。在 2015 年 1 月 2 日和 3 日的晚上，他们挨家挨户地上门通知了，在入户的时候，28 组的村民主要跟队长、队委反映了两个问题，一个是地价是否有上升空间，另一个是是否会有暴力拆迁。针对地价，潘队长的解释是在 1 月 6 日开会的时候，王村长和方书记都会到场，到时候他们会跟村里协商的，价格目前是政府统一的 8 万元，没有提高的空间，但他们可以让村干部承诺，桥村地价都一致，不会出现你多我少的情况。

除了价格之外，村民之所以有"暴力拆迁"的担忧与他们河对面的民生村 2013 年的拆迁遭遇有直接关系。

> 潘廷发："发生暴力拆迁的地方离我们很近，就隔了个扬子河。当时，民生村的一户因为拆迁价格的问题，到最后和村里谈不下去，他就自己出去不回家，家里老娘、老头在家。但是在他离开家之后，每次到吃饭的时候，就会有人舀粪到他家门口浇，他们也不打你，就想用这些无聊的事情骚扰老百姓，这两个老人在家没办法的时候打电话给他们儿子，说在家日子过不下去了，后来他们儿子才回来的。之后，实在被逼得没办法才签了的。"（访谈，PTF20150316）

对于这些暴力拆迁的故事，28 组的农民心知肚明，平时是茶余饭后的谈资，但是涉及自己组的征地、拆迁的时候，个个提心吊胆，害怕民生村的遭遇在 28 组重演。

> 潘队长："我们桥村从来没出现过暴力拆迁和暴力征地，再说了，现在都强调依法治国，不可能有暴力拆迁。你们现在每家每户都装了摄像头，还怕什么呢？开动员会的时候，大家都参加了，强调的是自愿签协议，不可能通过黑道来镇压群众，这是关键。再说了，暴力手段不利于政府，也不利于农民，现在证据收集都很快，谁愿意惹麻烦呢？而且话说回来，现在的地价和拆迁的评估，虽然没达到大家所预期的，但是也都是靠谱的价格，也不存在被逼着拆迁或者征地啊，大家内心不都是希望征地、拆迁的吗？何况这地方早晚是要卖的，我们一个队卡也卡不住，我们不签，其他队也会签。"（访谈，PDZ20150213）

经过潘队长和队委两个晚上的轮番劝说，28 组的大部分村民都接受了 8 万元一亩的现实，并暂时没那么担心暴力行为了。大家都认为既然队长、队委都这么三番四次地说了，即使签字，也不会吃大亏，村民相对支持的态度为两天之后协议签订的"一气呵成"埋下了伏笔。

（二）出乎意料的"最先进"

2015 年 1 月 6 日，酝酿了几天的群众大会终于召开了。在开会的时候，王村长和方书记都在，他们首先就地价问题进行了申明，桥村在这次项目中的地价都是一样的，不会因为晚签和早签有任何的区别。但是为了让老百姓更放心，他们做出了如果日后地价有任何上涨的情况，28 组的地价也会随之调整的承诺。在村干部表态发言之后，潘队长在协议上写了这样一句话："同村价格同等情况下，协议生效。"在这句话下面，潘队长签了字，在签字之后，他告诉参会的村民说："我已经写了'同村价格一致的情况下，协议生效'的条件，大家可以放心。"随后，几个队委也纷纷上前签字。见到队长、队委都签字了，28组的村民像吃了"定心丸"似的也陆陆续续上前签字，除了积极跟随队长、队委签字的一部分村民外，还有一部分村民在签字的过程中，很明显"一个看一个"，"做木匠的看木匠，做瓦匠的看瓦匠"。他们不愿意做最落后的也不想做最先进的，起初他们有些迟疑，但在看到有关系特别好的人签了之后，他们也都一拥上前签字。就这样，会议从六点半持续到了晚上九点半。在确定再没有村民要签的时候，方书记数了一下签字人数，总共25户，也就是说与会的所有村民全部签订了征地协议。看到这么多农民签了字，村干部们都笑逐颜开，他们郑重感谢了在场的农民，谢谢他们这么支持桥村的工作。又过了几天，在开指挥部会议的时候，分工到28组的方书记才知道，原来28组是整个项目组中最快完成征地80%任务的村民小组，而且还是超额完成，签字率达到百分之百，这算是"意外"的收获。虽然每个涉及征地的村民小组按照桥村的部署，都是尽量发挥"队长"的带头作用，但是除了28组以外，没有其他任何一个小组是在开群众大会的时候，一次性签订成功的。那么，除了关键的队长、队委的"带头"作用以及对于价格上的"定心丸"之外，28组顺利签订协议的背后会不会还有其他的原因呢？

在与28组的村民接触中，他们多次提到了28组邻里关系融洽，虽然没有到特别好的程度，但是不像大部分村民小组那样有明显的遗留矛盾。他们彼此之间的关系相对和谐，不会出现"对着干"的情况，没有特别突出的"狠人"，也不愿意自己做"狠人"。基本上，只要队长、队委同意的事情，村民们都会愿意跟着走。除了相对缓和的邻里关系之外，28组的村民大都在外走动，跑供销的占了1/3，还有做装潢的或者在外打工的，只有少部分是在工厂里面上班的，与其他组的村民相比，28组的村民看得多，听得多，对征地的接受度以及政府的信任度也比较高。

> 严华平："我在旺奇服装厂的盱眙分公司工作，像我们组的人，大都是在外面走走跑跑的，对各方面事情都晓得，行情基本都懂。像我们这里谈到征地、拆迁，大伙心里基本都晓得这回事。这些工作都晓得是势在必行的，你熬着也要拆，不想拆还是要拆，到最后总是要拆，不拆是不可能的。所以老百姓就没有过分掌的。我们生产队这些人，说有钱也不是都有钱，说没钱也不是没钱，所以说大伙商量商量就算了，之前主要还是因为价格的问题，我们的想法是尽量多哦，谈到多少算多少，实在谈不到也没办法哦，老百姓都是这样的态度。"（访谈，YHP20150306）

> 严华青："我以前也跟政府打过交道的，虽然这次是企业项目，但也是政府代征的，我们老百姓也得为政府考虑啊，现在干部做事难，我也是很体谅干部做事的，你就是说不做了到最后还是要去的，像我们村他又不会来欺负我们，我相信国家也不会轻易骗我们。虽然这次是生产服务型的项目，但是不能因为是企业项目就不征啊，再说了，你说不征地方那哪里可能呢？你要融入集体。再说了，你要想做钉子户，你得要有实力和财力，所谓的实力，就是白道黑道都要有人。所谓的财力，就是你白道黑道请人来都是要钱的，就是黑道请两个人，没钱谁来？你就是白道有人，那些当官的谁不要送礼？所以平民百姓怎么能做钉子户？早签晚签，不都是要签的吗？"（访谈，YHQ20150309）

与其他组的农民只关心价格或者其他利益的情况不同，28组的农民在价格之外，表现出了不得不征的无奈以及对村干部的体谅，在现行的体制之下，征地被当作一种行政命令来执行，所以一方面遭遇征地的农民有很大的压力，而另一方面遭遇征地任务的干部群体也同样面临很大的压力，执行者与接受者都很艰难。28组的大部分村民因为对征地事实的接受和对村干部的体谅，再加上队长、队委的"牵头"以及同等地价的承诺，他们意外地成为桥村2.5产业园项目的"最先进"。

第三节　20组：弱权威与强利益下的征地反复

在对28组的调查结束后，笔者去桥村办公室了解了一下情况，发现了特别的20组，20组在这次的2.5产业园项目中，除了征地之外，还有9户拆迁，而该组的戴队长也是拆迁户之一。据分管20组的印书记透露，戴队长很早就把拆迁协议签了，似乎是给村干部释放了能协助工作的信号，但是征地协议签订得并不顺利，过程比较波折。在印书记的指引下，笔者来到了海陵大桥边上的20组。

一　"催"与"拖"

（一）悬而未决的地价

在2015年2月6日，笔者来到了戴队长家里，一栋普通的农家两层小楼房，一楼客厅里面空空荡荡的，只剩一张木桌子和两张板凳。戴队长苦笑着说道："拆迁协议签过了，最近村里在催交钥匙，在那之前，那么多东西得搬走啊，你看看原来家里那么多农具，你说说，我们该往哪里搬啊？"他边说边收拾了一张木凳子，说："你坐这儿吧。"笔者坐下后，先询问了戴队长的一些基本情况，虽然他是一个"做手艺"的木工，但是拥有高中文凭，在20组的同辈人当中，他学历最高。在谈到这次征地的时候，戴队长说到，他们是 9 月 30 日开的动员大会，然后村里就通知他协助劝说农民签字，在 12 月的时候，他连续两个晚上到组里通知农民签字，但签字的老百姓不多。后来，他向村里反映说，要召集老百姓开个会，让村干部跟他们说政策，村里一直没开，说怕老百姓会闹。反正村干部认为不紧张，那他也认为不紧张，老百姓不签他也没什么办法。之后，他也就再也没下去签过，那时候还有十几天就过年了，也没心思弄这个事情。戴队长的这一席话让笔者感到很困惑，因为其他村民小组，只要组长同意了，大都签得很快，为什么 20 组是个例外呢？通过接下来一段时间与戴队长及其妻子的接触，笔者的谜团逐步解开了。

　　在提到征地价格的时候，戴队长说得头头是道，他们组经历过两次征地，第一次是 2009 年的海陵大桥征地，第二次就是这次的 2.5 产业园征地。他认为这两次征地有本质上的不同，2009 年的征地是国家征地，也就是有红头文件下来，虽然价格低，但那是省政府搞的国家重点工程，再加上当时他们也不懂征地，一些合法的规定、应该有的权利都不知道，也就听之任之地征掉了。现在回过头来讲，对照现在的征地政策，他们现在都感觉到 2009 年征地的时候，是吃了亏的，当时的价格才 4.5 万元，就暴暴地[①]被征掉了。但这一次不一样，这次是企业的项目，征的还都是 20 组的口粮田，性质不同。老百姓很明显有情绪了，觉得这些是祖祖辈辈都耕种的田，土地是赖以生存的，讲得远一点是子子孙孙的了，现在被征收了就全部都没有了。但是，老百姓也不是说不让你征，就是这个价格问题。现在的老百姓意识也强了，不像以前生产队，大队干部一说，下面就跟着搬家，现在不同了，关键还是价格问题。

　　虽然戴队长没有明确说，他希望征地价格越高越好，但从他

---

　　①　当地土话，表示第一次经历，觉得很突然。

的言语中反复提到的"价格问题"可以很明显地看出，他跟 20 组的其他农民一样，都希望价格能够在每亩 8 万元的基础上再涨一些。虽然笔者从村干部那里获知的信息是，关于征地价格，桥村都是统一的 8 万元，不会再上涨了，但是戴队长不相信，他自称通过"内部人事"探听得知，在桥村，很有可能会出现不同的地价。既然戴队长认为并没有确定征地的价格，还期望得到更高的价格，那么他就肯定选择"拖"的办法，尽可能拖延时间，看看最后价格到底会不会提高。

（二）"两头受气"

戴队长认为自己是"两头受气"，他说："就是现在村里叫我不干组长，我就不干了，干组长吃力不讨好，被别人骂了多少，指责了多少，腿跑了多少，话讲了多少？这是很苦很累的一桩事。什么事村干部电话一讲，你还要来，要配合他们做工作，方方面面的事情都要我拿主意，这个征地又不是我们生产队里征地，是来征我们生产队的地，你要到我家里做工作啊，现在都搞反了。他们什么事都不办，自己看看报纸喝喝茶，都来遥控指挥我们，签得怎么样了啊？签好了没有啊？实际上我们最苦，比村长、书记都苦。村里的征地工作压下来，不能带头闹，出坏点子啊，不好抬杠啊，要是我们不支持村里工作，村里就天天来找我，让我签字，村里也是有压力的，三洲街道给他们压力，他们就给我们压力，天天上门催我，你说我是个木工，得干活，哪吃得消天天被催啊。"

除了对村干部的抱怨之外，戴队长还屡次表达了对队委把责任往他身上推的无奈。

戴队长："我是先让队委签的，也是怕被老百姓骂，当时我让其中一个队委签的时候，他说怎么就这点钱，当时协议上就写了政府规定的五万八千元，但实际价格是八万元，我说这个价格不对，你先签上去不要紧，我这么说他就签了。第二天其他农民电话打过来了，跑到我家门上来骂的也有了，都怪我，说他们问了队委，队委都说是我让他们签的，他们本来也不想签，你说说，大清早就被人骂。实际上征地烦就烦在这方面，不需要老百姓家家签什么事都没有这么烦。大部分都签了最后说一下就算了，最多愤怒一下，有什么气话说出来就行了，对不对？这个事情最后不签字还要在家里骂，还要受他的指责。"（访谈，DZZ20150204）

从队委的表现可以看出，虽然他们在戴队长的要求下，表面上签字了，但是内心还是不情愿这么早签，在面对老百姓指责的时候，他们也不愿意担责任，直接将矛头指向了戴队长。面对老百姓莫名的谩骂，戴队长很不开心，他说："老百姓这边，你也看到了，见到我让队委签字了，马上就到我家来骂，说村里给我好处了，不然你怎么会这样帮村里说话呢？实际上村里跟我们什么都没有，老百姓就讲，这个肯定是村里给了我们多少好处，要不然你不可能帮着村里说话，这都是瞎说、造谣、诽谤，我们受了多少冤枉、多少怨气。实际上村里什么都没有给我们，一支烟都没给我们，一分钱都不给我们，实际上我们跟老百姓谈话都要自己掏烟，自己买烟。村干部最后把担子压给我，到最后我也把担子一扔，随它去，最多我不干啊，这也没关系。一年也就给我500块钱，我也不缺这500块钱。为这个工资，我得跑多少腿啊，就像这个征地，我还不知道要跑多少趟呢。"

截至年前，20组仍然只有四个队委签了征地协议，连戴队长自己都没有签，也没有帮忙去村里找农民签字。正如他本人所提到的，一方面，征地价格不确定，他还想再等等，企图以更高的地价被征收；另一方面，老百姓的"冤枉"，让他很是抱怨，不想积极主动地呼吁老百姓签字。但是，据笔者在村干部那里了解到的情况，戴队长的拆迁协议是带头签的，还因此拿到了 5 万元的奖励，虽然每个拆迁户都有 3 万元的奖励，但是带头签的可以多拿 2 万元，照理说，虽然拆迁与征地是两个完全不同的范畴，但是戴队长为什么在征地这件事情上这么迟疑呢？是不是还有一些其他原因呢？

（三）妻子的阻挠

直到 2015 年 3 月 24 日，笔者与戴队长妻子林素珍的一次碰面，才进一步解开了疑惑。

> 林素珍："我家自己的拆迁哦，签我自己家的拆迁都没有告诉我。他先签了，大队里有人放水告诉我。最起码要回来告诉家属的吧，这些拆迁办的人都没到我家来，最起码我身体不好，你不知道我要急啊！我跟他闹，他居然还打我！要不是我女儿拖住，我准备死掉拉倒了。你签了字为大队保密，我不生气啊？你最起码要告诉我一声，你不晓得我身体不好啊？"
>
> 问："他不告诉你是什么原因啊？"
>
> 林素珍："我也不知道，他去村里签了就没告诉我，你说这个做得好不好？最起码要说一声，征求我的同意。是签字了呢还是没签字呢，对不对？得有个回音给我，我说这话不错吧？"（访谈，LSZ20150324）

在签订拆迁协议的时候，戴队长与妻子闹出了很大的矛盾，村里都知道了，所以，在随后的征地协议的签订中，戴队长不愿意像拆迁协议一样，成为"第一个吃螃蟹"的人。此外，戴队长希望让村干部到组里来帮忙，协助召开村民会议。

> 戴队长："我也向村里反映过了，要开个全体会议，征地

方面的什么价格、国家规定的什么价格要跟老百姓讲清楚。因为老百姓的工作你一次两次说不通的。"

问："你的意思是你说了他们不信？"

戴队长："对，他们以为我得了什么怎么样的。我的意思是什么呢？叫村里的主要领导到我们组里开个全体村民会议，我们有 21 户人家，每户来个代表，把国家征地的政策讲给他们听。现行政策规定的，是八万块钱一亩了就是八万块钱，还是怎么样怎么样的。老百姓他不知道。我们讲话老百姓不相信，以为我会得什么好处。"

问："那你们接下来一段时间有哪些动向？先是开会，政府开会之后你再带着政府的意见下去跟他谈吗？你有什么想法？"

戴队长："我上次跟村长也讲过，我来发动每家每户开会，村里组织街道办的领导参加，政策方面跟他们讲清楚。不是我让他们拿这点钱的，老百姓有什么疑问的，提出来，我们向他们解释。然后再下去跑看他签不签，纸就带过去，大家同意就签。"（访谈，DZZ20150204）

虽然戴队长竭力想让村干部到组里来帮忙开会，但是分工到他们组的印书记并不接受，他认为戴队长自己拖着不下去，反而来找村里麻烦，顺序搞错了，应该是村民小组组长自己先下去签字，最起码签到一半，剩下来特别难说话的钉子户再由村干部与组长一起上门商谈，现在戴队长自己还没尽到力，就需要村里的帮助，是行不通的。面对村干部的不配合，再加上自身对利益的期待，对于农民抱怨的不满以及来自妻子的阻力，戴队长将村里分配的征地任务一拖再拖，20 组的征地在年前完全停滞了。但谁也没有想到的是，过完年之后，在短短不到一个月的时间里，20组的征地协议签订户数达到了 85%，超额完成了 80%的征地签订目标。

二 "利益连带"下的主动

(一)"人勤春来早"

2015 年，正月初八（2 月 26 日）第一天上班，负责 2.5 产业园项目的三洲街道主要领导孙书记就在桥村的会议室召开了征地与拆迁工作组的会议，在会议上，桥村土地整理的四个工作组分别汇报了目前的拆迁以及征地情况。孙书记在会议伊始，就提出了新一年的拆迁征地目标：整个项目要 3 月底全部结束。

> 孙书记："我们战线拉得越长，第一个也越难做，第二个对我们街道来说，对村里来说，不利于其他工作的开展，或者说对一些征地成本来说，也是不利的，所以春节期间我也思考要怎么做。在春节期间，我和陈书记也对征地拆迁情况有了个大概的了解，今天呢，我们需要进一步了解下各个组工作的实际进展，现在报给街道的跟拆迁公司，按照户数的结算，数字是对应的，还有征地，这个大头，目前到底推进到什么程度，请大家如实汇报。"（田野笔记，ZDCCGZZHY20150226）

在各组汇报完之后，桥村的陈书记，作为 2.5 产业园项目的征地主要负责人，进行了陈述。

> 陈书记："征地的价格，越是到最后，越是要坚持标准，否则会带来很多麻烦。大家要坚持标准，一把尺子拉到底。今年的主要任务是征地，但绝不能为了速度，以拆迁带动征地，因为桥村不是所有生产队都有拆迁征地，有的甚至是半个生产队有拆迁征地，半个生产队只有征地，还有 6 个生产队是没有拆迁的，在签拆迁协议的时候，有的组为了征地加了

一两千元，我在去年年底听到这方面的消息，并且有人找我反映了这个事情。现在要强调下，即使听到了，也装作没有听到，说没有，这个问题绝对不能讨论，一旦讨论就没法签了。虽然去年我们也着重搞征地，但是没有达到预期的效果，去年至少要征 8 个生产队，现在只有 6 个生产队完成了任务。今年要用拆迁的办法来促进征地，要根据剩下的任务，重新分组包干，确保完成征地任务。"（田野笔记，ZDCCGZZHY20150226）

孙书记提出了土地整理的时效性，在一个多月的时间里，拆迁与征地的工作都需要尽快完成。而陈书记则着重就征地提出了要求，除了要以拆迁的方式将征地任务分配到村干部个人之外，还强调了对于地价的坚持，也就是说，之前戴队长所提到的"内部人士"所说的不同地价的谣言不攻自破了。

（二）"示弱"与"利益诱惑"

参加完会议不久，负责 20 组的印书记就主动打破僵局，与戴队长联系了。他向戴队长传达了陈书记在会议上所强调的，年后要主要攻征地的要求，在传达信息的同时，印书记刻意提到了他处境堪忧，其他的村民小组很多都签得差不多了，但是 20 组只签了 4 户，陈书记已经批评他好几次了，他的压力很大，每天都被压得紧紧的，希望戴队长能够配合，帮他这个忙。在印书记的主动"示弱"下，戴队长同意了，他在印书记打电话给他的当晚（2015年 3 月 5 日），就在他所住的海陵大桥南面①走动了一个晚上，将南面 9 户的征地任务全部完成了。第二天，印书记在得知戴队长的"战况"后，喜笑颜开，连连说要请戴队长吃饭，在谈到剩下海陵

---

① 20 组在 2009 年海陵大桥项目的时候，有 12 户农民经历了拆迁，被搬迁到新的安置社区内（位于海陵大桥北面），而戴队长等 9 户居民仍然住在海陵大桥南面的老村民小组，但是这次的 2.5 产业园项目，这剩下的 9 户也要全部被拆迁。

大桥北面的农户要怎么上门签的时候，戴队长提出，北面的要印书记陪他一起下去签，印书记一口答应，并承诺在交钥匙①的那天，他会去帮戴队长再说点好话，为他多争取些。

那么，为什么戴队长年后在南面签订征地协议的过程比年前要顺利呢？笔者觉得主要原因有两个，首先，戴队长自己下定决心要协助村里签协议；其次，南面的被拆迁农民也逐步接受了拆迁以及征地的现实。正如前文所说，在年前，戴队长因为地价的悬而未决，自己"两头受气"，还有妻子的阻碍，完全"撂了挑子"，但是随着整个项目征地拆迁的推进，不论是拆迁还是征地已经是大势所趋了。由于拆迁与征地覆盖了桥村的大部分村民小组，涉及面很广，所以，不论是其他村民小组拆迁以及征地协议签订的速度，还是协议签订后房屋拆除的速度，都给包括戴队长在内的 20 组的农民带来了心理上的冲击。再加上农民过年彼此间的交流，都知道再等下去地价也不会提高，桥村 8 万元的地价已经是"板上钉钉"的事实了，拖与不拖都是一个结果。戴队长自己在接受了现实之后，也开始接受村干部抛出的"橄榄枝"，正式开始帮助村干部来处理征地这件事情，而被拆迁的农民由于看到戴队长的主动再加上对征地拆迁想法的转变，也就愿意配合签字了。

在戴队长的配合下，南面的拆迁户的征地协议全部签订，为什么到了北面，戴队长还需要印书记陪同才愿意去签订征地协议呢？这要从 2009 年的海陵大桥拆迁说起，当年的 20 组并没有全部

---

① 拆迁户在签订协议之后，需要去村里交房屋钥匙，交完钥匙后，挖土机才会进场拆除房屋。在交钥匙的时候，通常会再签订一个拆迁补充协议，拆迁补充协议涉及的资金是在签订拆迁协议的时候政府承诺的奖金，一般的农户只有 3 万元，但是戴队长有 5 万元，因为他是 20 组第一个签字的，有带头奖。除了都要签订的拆迁补充协议之外，农民可以查漏补缺，向拆迁谈判小组再次提出，自己在签订正式协议的时候没有考虑到的遗漏的物品，通常拆迁谈判小组是不会同意增加的。但是如果村干部帮农户说话，则可以通过重新签订拆迁协议的方式，增加一定的拆迁补偿。

拆迁，包括戴队长在内的9户仍然住在老村民小组所在地，还有剩下的12户居民被拆迁到了居民点上，从此20组就被分成两部分，一部分居民住在海陵大桥北面的新居民点上，另一部分居民住在海陵大桥南面的老村民小组所在地。但因为在海陵大桥征地款的分配不公，前队长被以戴队长为首的村民罢免了，但是前队长一直不服气，自从下台后就总是与戴队长对着干，不论戴队长说得正确与否，他们永远站在对立面。这次征地正好是一个机会，前队长自然希望征地工作推行不下去，只有这样，他才有东山再起的机会。而前队长的主要势力范围是海陵大桥北面的居民点，所以戴队长不敢独自去签订征地协议。

（三）"一唱一和"

在2015年3月6日下午五点半，印书记和戴队长在海陵大桥北面开始上门签字，为了避免农民形成小派别，他们并没有刻意回避前队长及其支持者，只是按照顺序，一家一户地上门，愿意签的就签，不愿意签的他们就直接跳过，力求在最短时间内签到最多的农户。印书记与戴队长的分工很明确，戴队长代表村民小组管理人员，向农民解释政策，而印书记代表村干部肯定并支持戴队长对于政策的理解。每到一户，戴队长先向农户解释，按照国家规定地价只有5.8万元一亩，但是三洲街道考虑到失地农民的情况，补助了两万元，后来在了解了民意之后，村里又补贴了两千元，在反复斟酌后才确定地价是8万元。如果有老百姓表示怀疑，并说江洲市其他地方征地时的地价不止8万元的时候，印书记就开始支持戴队长，他会强调戴队长说的是正确的，政府的文件也是这么规定的。经过两个人的劝说，大部分老百姓都确信了地价是8万元，没有增加的可能性，通常都会签字。但是，也有的老百姓仍然觉得地价没有达到预期，会不愿意签字，这时候，印书记会说，现在的地价已经很高了，2009年的时候才4.5万元，而且你们组大部分农民都签了，你为什么不签呢？虽然印书记在让农民签字的时候，也反复提到，你不想签也没关系，没人逼你签，但是在他与戴队长的双重说服之下，大部分农民都在协议上签了字。在两人"一唱一和"的配合之下，海陵大桥北面除了前队长、前队长哥哥及其邻居之外，都签字了。20组总共21户，虽然有三户没有签字，但是总签字率超过了80%，也就是说，20组的征地任务完成了。

（四）受益匪浅：协助征地的回报

2015年3月9日，戴队长来到桥村交房屋钥匙，他忧心忡忡，眉头紧锁，似乎在担心印书记是否会按照先前承诺的那样，在交钥匙的时候帮他说话，为他再争取一些钱。同时，他的大脑也在加速运转着，试图努力再回忆出一些合情合理的东西，能够让三洲街道的拆迁工作人员再为他增加一些拆迁补偿。当他正闷头沉思的时候，印书记走了过来，他的一番话让戴队长的表情顿时放松了不少。

> 印书记："你今天是来交钥匙的吗？"
>
> 戴队长："楼上会议室忙吗？我看好多人都来了啊。"
>
> 印书记："是的，要一个一个地来啊。我马上看快到你了，我下来喊你啊，我先上去，今天你要把钥匙交了，我就是为你交钥匙来的，不然我早就回去了。"
>
> 戴队长："哎呀，感谢！感谢！"
>
> 印书记："我最起码要等你交了钥匙我再走，说的话有用没用是一回事，不说就是我的责任，最起码等你钥匙交了，开心地回去，明天等你请我喝酒呢！"
>
> 戴队长："好的，我就在下面等你喊我。"（田野笔记，JSH20150309）

经过这番交谈，戴队长松了一口气，看来印书记并没有食言，会按照之前所承诺的，在交钥匙的时候帮他美言几句。虽然这种承诺并没有十分具体，但是从印书记今天的言语可以看出，这是至关重要的，否则他也不会刻意为了戴队长而留下来。

在上午 10 点半左右，戴队长来到了二楼的会议室，在三洲街道干部魏主任的示意下，戴队长自己看了一下之前签订的拆迁补偿协议，看了之后，戴队长问道："我空调怎么说的？"魏主任说："有九千两百多元。"这时候，印书记插话说："空调再给他加点吧，这次他为了征地吃了苦，大晚上的还帮着下去签字，陈书记也说要给他再增加点。"魏主任说："好，那最后包括空调在内，杂七杂八的家电加起来是 101000 元。"紧接着，印书记又朝戴队长使了个眼色："你说说你妻子的事情吧。"戴队长立刻会意了，开始说起自己妻子的情况。

> 戴队长："我老婆啊，都开了好几次刀了[①]。她 1994 年因为胃癌，开刀了。2005 年的时候，当时我在上海奉贤区施工，哪知道不到 3 个月，家里电话打过去了，说什么以前的癌细胞转移了，要到南京检查。后来我们来到南京，检查之后说不是转移，是重新长的，这次是在子宫里，是宫颈癌，结果又开了一刀。大前年，也就是 2012 年的时候，她乳房上有肿块，到我们这人民医院看的，当时说没什么，只是个囊肿，明天就能开刀。后来我不放心，带她去南京检查，哪知道一查说是乳腺癌，比较严重，要化疗。我问医生，化疗方案能否到老家做，他说这个方案，在你们那边医生没有这个技术，每次化疗都要打针，那时候头上都是光头，做一次化疗都要一万元啊，还不算手术的钱。不过，我老婆到今年 5 月 15 日都三年了，第一次开刀的时候，医生说最多活一年，后来每年

---

① 当地土话，表示做大手术。

都要去检查。医生还奇怪，这个人居然还活着啊，真是不容易啊。"（田野笔记，JSH20150309）

听了戴队长妻子的经历，会议室里顿时鸦雀无声了，魏主任清了清嗓子，说道："嗯，你这个情况，是肯定能拿到补助的，虽然也就一两万元，但是这些钱还是可以救急的，该帮的一定要帮。"印书记听了，赶忙对戴队长说："你现在就写个情况说明，写明你妻子多次开刀的情况，三洲街道会酌情给你补偿的。"戴队长连连道谢。后来，魏主任又让戴队长签订了拆迁增补协议，上面主要是增补了戴队长带头签字的奖金——5 万元，因为是第一个签字的，所以要比普通农民多拿 3 万元。也就是说，除了应该他多拿的 3 万元之外，戴队长在印书记的帮助下，增加了 3 万元左右的拆迁补偿。在交完钥匙后，戴队长神色轻松地走出了会议室，走之前，印书记拍了拍他肩膀，说道："反正今天你回去是一边走一边笑的。"

第四节　23 组：强权威与弱利益
下的征地困难

进入 3 月，整个 2.5 产业园项目的拆迁任务基本完成了，三洲街道的干部也逐步从桥村撤离，剩下的主要任务变成了村干部"包干"的征地。在主要"攻坚"阶段，同时需要拆迁（包含部分拆迁与整体拆迁）和征地的村民小组大部分都已经签订了协议，当前桥村还需要完成的只有征地，但不需要完成拆迁的村民小组的征地任务。这类村民小组因为没有拆迁，只有征地，所以很难进入。通常，拆迁与征地并存的小组，农民更关心的是拆迁的价格，所以对于征地协议的签订，并不会设置太多障碍。但对于只有征地的村民小组来说，征地是第一位的大事，很多农民会将历史遗留问题或者对地价的要求与征地协议的签订"捆绑"在一起，同时对于村干部来说，由于地价的固定和征地的群体性，他们无法像拆迁那样，从价格入手进行攻坚，这两方面的因素使得桥村在土地整理的最后阶段，举步维艰。23 组就是若干只涉及征地的村民小组中比较困难的一个，他们的征地从开始到结束持续了大半年的时间。

一　一根筷子，容易断

（一）"口是心非"的季队长

第一次见到 23 组的队长是在桥村党委陈书记办公室，当时他因为征地亩数的问题与陈书记争执不下。

> 季队长："当时量田的时候你也在那里呢，量的时候，你说量到那边，我说量到那边就量到那边吧。你现在既然量了，你不要承认我的面积吗？量是以河中心，当时说好了的，现在偏到了 19 组那里了。"
>
> 陈书记："有一分地方吗？"
>
> 季队长："没有，就相差八厘米的地方，等于一分地方不到。"
>
> 陈书记："这几厘地方你有必要在这里闹吗？"
>
> 季队长："几厘米地方 8000 块呢，不是开玩笑的事情。"
>
> 陈书记："你自己协议签了吗？"
>
> 季队长："还没有。"
>
> 陈书记："这样，这个事情我来解决，协议你先签。如果最后查下来确实少了你地方，我肯定补给你的。"
>
> 季队长："但是林会计说你这个哪能改啊，那你要跟林会计说。"
>
> 陈书记："我明天来想办法，你签归签，给钱还按照那个

给钱啊，还有什么话说呢？"

季队长："咦，这地方不调过来能行吗！"（田野笔记，MSZZ20150402）

面对季队长对亩数的质疑，陈书记答应帮助季队长协调与19组的征地界址纠纷，但他也明确提出了要季队长先签征地协议的要求，并且希望他自己在签了之后，发挥队长的作用，能签的尽量自己去签，如果实在感觉困难的再来找村干部帮忙。面对陈书记的签字要求，季队长虽然面露难色，但是他还是答应了。见季队长点了头，陈书记又调侃了他一句，为了政府的事情，伤了个人感情，没必要。听了这话，季队长不好意思地搓了搓手。在从村委会回家的路上，季队长心事重重，虽然有关亩数的纠纷应该会得到解决，但是签字的"军令状"很难应对，因为现在不仅仅是帮助推动征地协议签订的问题了，而且连他自己现在都不愿意签字。

这一切还得从2009年的海陵大桥征地说起，当时23组被征了10多亩地，其中一小部分地是被交通局租用了作为大桥两侧的50米绿化带，另外一部分被交通局征收作为海陵大桥的项目部使用，地价是按照当时征地的统一价每亩4.5万元。照理说，征地款也拿了，征地分配也结束了，农民也拿到钱了，应该两全其美了。但是，在2013年，也就是海陵大桥项目结束的3年后，问题出现了。海陵大桥项目结束后，交通局的项目部也撤走了，原本征收的土地被闲置了，随着年份的增加，23组农民的不满也在增加。他们认为，这么多年了，既然那块地没有用作建设，那就算是闲置土地，应该再次归还给百姓。促使他们想要再次拥有这块地的原因除了想要耕种获得一些口粮之外，更重要的是可以通过租地或者再次被征收的方式获利。在2013年，23组的村民去了交通局两次，提出的要求是将之前征地拿的4.5万元退还给交通局，与此同时，交通局这些年对土地的使用视作租用，需要将租地的费用支付给23组。对于23组的要求，交通局的相关人员每次都以要开会或者其他理由搪塞，不给予农民任何回应。但与此同时，交通局又派了工人在之前征收的土地上种植花木，以示"主权"。后来，23组的村民还写信到市长信箱，结果也是不了了之。这件事成为23组村民的"心病"，而在2014年的2.5产业园项目征地中，这块伤疤又被再次"揭开"了。一听说又要再次被征地，在季队长第一次召开群众大会的时候，农民们就议论纷纷了，大家都希望将之前的遗留问题通过这次征地一并解决。

　　　　季队长："这一次2.5产业园的开发很大可能是要用到上次项目部的那块地的，因为上次的那块地是交通要道，是回避不了的地方，现在既然要用那块地的话，我们就要求将地价的差价补全了，也就是要每亩增加3.5万元。如果上次的遗留问题不解决好，我们这次是不愿意被征地的。"（田野笔记，QZDD20150402）

　　按照季队长的说法，上次他们被征用作项目部的土地至少有7亩，也就是说桥村需要将20多万元的差价先补给23组，他们才愿意来考虑这次的征地协议的签订。《中华人民共和国土地管理法》明确规定严禁任何单位与个人将耕地闲置和荒废，对于已经办理审批手续的非农业建设征用耕地，若一年内不用并且可以耕种收获的，应当由原耕种集体或个人复耕，亦可由用地单位复耕。对于一年以上未动工的则需缴纳闲置费，而连续两年没有动工的，获得原批准单位批准后，由县级以上政府无偿回收土地使用权，若该土地原为农民集体所有的，则交由原集体经济组织复耕。由此可见，从土地闲置的方面分析，交通局的行为确实存在违规操作，因为项目部的土地在使用完之后，该土地并没有实质性的用途，这也算是一种变相的囤地行为，但是是否应该按照季队长的说法补偿征地的差价或者将曾经的土地征收行为更改为租地行为，也需要推敲。根据《中华人民共和国土地管理法》的相关规定，我国土地所有权分国家土地所有权与集体土地所有权，而土地被征收后，土地所有权就发生了改变，原有的集体土地所有权变为了国家土地所有权，也就是说，农村集体对这块土地已经没有权限了。面对陈书记的"军令状"和本村民小组的利益，季队长选择了后者，因为他自己也是村民小组的成员之一，而这次要争取的利益也关系到他的个人利益。但是季队长并不愿意与桥村直接"对垒"，所以他选择了口头答应协助征地，实则无任何行动，以等待提出要求的最佳时机。

（二）暗度陈仓

季队长领下"军令状"的一周后，也就是 4 月 9 日，分工在 23 组的常主任按捺不住了，他见季队长迟迟不行动，就猜到他肯定要"旧事重提"了。他与共同分在 23 组的副手小殷讨论道："季队长连陈书记的'军令状'都搪塞过去，他肯定下定决心不想签了，所以我们现在不能主动找他，就算找他帮忙，他肯定也是一口拒绝，反而会趁机提出要求，那样的话，我们反而难办。现在，倒不如我们找几个平时玩得好的朋友，让他们先签，如果有人先签了，他作为队长面子就挂不住了，连村民都有人签了，曾经满口答应签的队长还能不签吗？"小殷连连点头，于是他们找了几个平时玩得好的朋友，一起喝喝酒，吃吃饭。在饭桌上，23 组的季林红、季德成还有季良生与村干部签订了征地协议。签字的村民除了与常主任关系比较好，经常一起吃饭、打牌之外，他们对于"历史遗留问题"也并不是不在乎，而是认为闹也是白闹，至少这一次是拿不到钱的。

季德成："这个拿钱不是他想拿就能拿的，有的人想恨不得政府给 100 万元才好，可能吗？"

问："假如你与常主任关系不好，你还会签吗？"

李德成："即使跟常主任关系不好，我还是照样签。既然以前都已经征了，现在再无理取闹，看起来有道理，实际上没道理，因为已经征过了。再要钱等于是在诈钱啊！从我的良心讲我就不想补贴这个钱，这个钱已经征过了，你再去闹就不合情理。"

问："假如这个钱真的闹下来你要分吗？"

李德成："那我随便它哦，但是我觉得不应该闹。"（访谈，JDC20150702）

问："你不想要争取这个钱吗？"

李林红："我不是很想要。第一个是不一定要得到，还有就是没有理由要。"

问："你平常跟常主任关系很好吗？是好朋友吗？"

李林红："一般吧，但是我们经常在一起喝酒。并不是说我们签字就代表什么，我说不要闹，这几个钱有什么好闹的？这个田已经被项目部征了，你再闹下去是没有道理的。就像我女儿嫁给别人了，现在我觉得不行，退回来再嫁给别人，可以这么做吗？

问："但是其他村民不这么觉得啊。"

李林红："只要你多给他们点钱，他们就是这个想法。钱越多越好。你给一个亿，他都不会嫌多。"（访谈，JLH20150704）

先签的季林红、李德成都认为，要政府补全上次征地的差价并不合理，因为上次地已经被征了，不可能再次支付征地费用。但是他们也暗示了虽然这次政府补差价的可能性很小，但是如果真的支付了这笔钱，他们也要分"一杯羹"。而季良生签字的理由并不是觉得补差价不合理或者没有可能性，而是认为先前项目部的地不在这次的征地范围内，如果下次被征用的话，他肯定会去政府要求补偿。

问："目前不是有很多人说要把之前的钱补全吗，你怎么想的啊？"

季良生："有的地方明天要用到的地方肯定要补啊，以前那个项目部后来拆掉了，交通局现在栽了树，但是这个地方这次是不征的，你懂吗？"

问："哦，也就是说你认为这一次征地不涉及那一块地方。"

季良生："对，但是假如政府这一次弄的时候把那块地方也一起用掉了，我肯定要去闹的，这块地方以前是4.5万元，现在是8万元，相差3.5万元呢，你说政府犯得着为这点钱跟我们老百姓计较吗？"（访谈，JLS20150617）

虽然签字的23组村民心中也放不下那块土地，但是他们已经签字了，村干部关心的也是签字的结果，至于以后用地的情况，那就是下一个项目的事情了。

二 "联名信"事件

（一）徒劳无功的队委会

在成功签订了三个村民之后，常主任觉得这个办法不错，既不会引发民愤，还能签订征地协议，一方面，常主任继续悄悄私下联系农户签字，与此同时，"世上没有不透风的墙"，季队长也听说了有村民偷偷签字的消息，他既气愤，又担心。气愤的是，他认为常主任直接越过自己，去找农户签字的行为不符合惯例，通常村里交代的事情都是与队长先沟通，让队长帮着下去办，但是这一次，他们明显没有把队长放在眼里；担心的是，先前当着陈书记面承诺帮助签字，而他食言了，现在他自己还没有签，反而普通村民已经签了几户了，这很显然是不支持村里的工作，以后到村里办事可能也不会那么顺畅了。思来想去，季队长觉得必须要有所行动才行，既要让村里认为他已经帮助做了一些工作，又要利用他人之口表明如果历史遗留问题不解决，就不签字的决心。于是季队长与村干部主动联系说，要去村里开队委会，理由是海陵大桥拆迁了，他们组的人分成了两片，不方便集合，到村里集合最方便，常主任同意了。而对于23组的队委，季队长召集开会的说辞却完全不同。他跟队委说的是村干部要召集23组的队长、队委开会，商讨征地的事情。

4月12日下午六点，季队长策划的队委会议如期在桥村的调解室里进行了，在会议上，常主任首先陈述了这次征地的价格以及具体的政策，还强调了征地协议的签订需要达到至少80%，尽量要家家户户都签字的规定。常主任话音刚落，队委们就纷纷指出，要签字可以，但是原来项目部征地的价格只有4.5万元，跟现在的8万元比太少了，这次想要征地，就必须要将少了的3.5万元补给他们。季队长在一旁不动声色，不论是村干部的解释，还是队委的议论，他都不给予任何评价，只说了一些无关痛痒的话，很显然，他在村里开会的目的已经达成了，就是借"队委之口"告诉常主任，不是他队长自己不肯签，是包括队委在内的老百姓都不肯签。整个会议只进行了20分钟就不欢而散了，村干部和队委各执一词，针锋相对，谁都不愿意做出让步。散会后，常主任对小殷说道："我就说开会没用，只会更乱。之前季队长还跟我说，要把老百姓全部喊过来开会。我当时就说最好不要开会，一开会就麻烦，队委商量商量还是可以的，把老百姓都喊过来开会干什么呢，后来他就把队委拉过来开会了。其实，依我的意思，连队委都不要喊，喊过来一个人也不会签的，反而给了他们一个提要求的机会。"小殷说道："是的，季队长的目的就是想表明这不是我队长不肯签，是老百姓不肯签。"常主任点头表示赞同，他继续说道："既然他们队委这么齐心地不签，我们还是要从核心人物队长入手，只有队长签字了，没了'主心骨'，队委还有其他村民才会'软'下来。我们从明天开始，就天天去季队长开的小卖部蹲点。"

（二）诉苦的艺术

从 4 月 13 日开始，常主任和小殷不论刮风下雨，天天都开着桥村的治安巡逻车到季队长位于利民市场的小卖部"蹲点"。他们一个"唱红脸"，一个"唱白脸"对季队长"做工作"。小殷负责"唱红脸"，他对季队长说，不需要季队长帮助村里签征地协议，甚至连思想工作都不需要帮着去做，只要他自己签了，任务就完成了，剩下的事情由村干部完成。而常主任则"唱白脸"，如果季队长对小殷的话不闻不问的话，他便会故作生气状地"吓唬"季队长说，如果他不签字，就需要自动辞职，好比桥村要与三洲街道保持一致一样，作为队长也要与村委会保持一致。常主任之所以用"自动辞职"来"吓唬"季队长，就是利用了季队长不愿意失去队长之位的心理。季队长在 23 组并村之前，就当过大队的会计，并村之后，也连任了两届队长。据常主任透露，季队长很看重队长的职位，虽然他经常嘴上说不愿意当队长，但是做事很积极，与村委会沟通也很主动。比如，他通知季队长让老百姓把户口簿、身份证拿来，季队长当天就会立刻通知，第二天就能将材料交到村里，诸如此类的事情还有很多。

连续经历了几天的"软磨硬泡"，季队长有些吃不消了，一方面，村干部天天上门，影响做生意；另一方面，他们天天施压，需要天天与他们周旋，压力很大。虽然，面对村干部的"攻势"，季队长应接不暇，但是他依然不愿意签字。因为，如果政府愿意给项目部那块地的补偿款的话，能拿到 20 多万元，每家能分到近万元，不论对于他还是对于23组的村民来说，这都是一笔可观的收入。所以，在利益面前，他更愿意站在农民这一边，不愿意为了村里的事情而损害自身的利益。但同时，季队长也不愿意丢了队长的职位，不希望桥村把不签字的矛头指向他一个人，此时的他需要一块"挡箭牌"。思前想后，季队长觉得既能恰到好处地提出自己的利益要求，又能推卸责任，免于村干部的责难的办法，只有写联名信。而且这个联名信必须在开群众会议的时候当场写，这样才有号召力和影响力。于是，季队长在4月16日晚上，召集队委和户代表在他家里开会，开会的主题并没有事先告诉他们，只是说商讨征地事宜。会议开始后，季队长开始向农民"大吐苦水"。

> 季队长："村干部天天到我的店里找我谈话，你们说说，这还怎么做生意？我也不是不想争取项目部的钱，但是村里我又没有办法交差，他们天天找我签字，我也是嫌烦了，实在不行，我也只能签了。要不，还能怎么办呢？"（田野笔记，LMXHY201504016）

农民见季队长开始打退堂鼓了，立刻炸开了锅，农民们当然不希望季队长签字，如果季队长签字的话，就没有人站出来为农民争取利益了。于是，大家纷纷让季队长不要害怕，这是23组所有农民的事情，不是他一个人的事情，也不需要他一个人承担责任。见诉苦起了效果，季队长舒了一口气，他顺势提出要写联名信给村里，大家一起分担责任。队委也随声附和说，不让季队长为难，大家写一个东西，说明是老百姓不同意签字的，并不是季队长一个人主导的。农民听了之后，都接受了这个建议。接下来会议的议题就是联名信的内容了。

> 季队长："既然大家同意写联名信，在信里就要明确写明

我们的要求。在第一次开群众会议的时候，我就说过，为了确保老百姓的利益，原来我们有一块地被交通局征的 4.5 万元一亩，现在要把原来的 4.5 万元改为现在征的 8 万元一亩，这个要求我们必须要写在联名信里面，除这个之外，大家还有什么要求？"（田野笔记，LMXHY201504016）

紧接着，农民还提出了生活费的问题，要求桥村保障农民失去土地后的生活。季队长嘱咐其中一个队委，将刚才所提的要求一字一句地全部写下。在要求全部写上之后，季队长亲自写下了最后一句话："甲方同意上述要求，乙方承诺签字。"写完之后，季队长带头签下了自己的名字，后来队委和户代表都陆续上前签字，最后到场的村民都在联名信上写了自己的名字，在签的时候，农民们还对队长说，要是村里再找你麻烦，你就把联名信拿出来，告诉他们不答应我们的要求，肯定是不签字的，我们生产队的成员共进退，要签大家就一起签。联名信写好后，季队长心里的石头暂时落地了，有了这块"挡箭牌"，他既能直接向村干部提出要求，争取利益，又可以为村干部的责难找到说辞，现在不是他不签的问题，是老百姓不同意签，即使要签，也是在达到要求的前提下，大家一起签。在联名信到底拿给谁的问题上，季队长并没有像大多数人那样，选择街道或者是市政府，而是毫不犹豫地选择了桥村。他的理由是征地都是以村里为主，就算是写东西到市政府信访办，还是要被送回三洲街道，然后三洲街道再交回到村里，最后依旧是村干部着手解决，所以还不如一开始就直接交给桥村来得直接。此外，也只有交给村里，才能达到他自身推卸责任的目的，他需要村干部知道，不签的责任在于老百姓，自己只是其中的一员而已。

三　"妥协"与"助攻"

（一）庙算有余，良图不果

群众会议开完后，季队长并没有急着将联名信交到村里，如果直接去交联名信的话，村干部一定会将矛头直指自己，他在等待一个合适的机会。4 月 18 日，机会来了，23 组旁的 19 组要进行房屋的拆除，挖掘机在进场的时候压坏了 23 组的麦子，村民们嚷着要去村委会闹，要补偿他们麦子的损失。于是，季队长带着几个村民来到了桥村陈书记的办公室，在说明了"挖掘机"事件之后，他将联名信交给了陈书记，说道："这是我们 23 组的村民共同的要求，这项目部的地是要补钱给我们的，否则农民是不会签字的。"陈书记一看就知道是季队长一手策划的，但是联名信上 23 组村民的签名又提醒了他必须要小心处理，以防上升到群体性事件。对于项目部是否能补钱，陈书记心知肚明，这个钱能补到的可能性很低，因为那块地已经被征收了，土地性质已经变成了国有土地，农民是不可能再分一杯羹的，但是如果直接这么说的话，不仅不利于 23 组征地协议的签订，说不定还会激起众愤，引发更大的矛盾，到时候还是要桥村出面协助解决，斟酌了一会儿，陈书记打算"打擦边球"，将问题的核心搪塞过去。

　　陈书记："信里面提的生活补贴的问题你们不用担心，失地农民保障是一分钱不会少你们的，你们也可以问问之前征地的，这一点肯定不用担心。至于你们说的项目部那块地，这次并不在征地范围内，因为之前已经征过了，不会再征第二次。所以，你们该签的先签，这块地方，以后要是被使用了，村里也会帮你们说话的，肯定要让相关部门给钱的。"（田野笔记，JLMX20150418）

虽然陈书记的这番话没有实质性的承诺，但是村民也稍微宽心了一些，毕竟这一次是肯定不会用到这块地方了。在村民离开后，陈书记将季队长留下，严肃地对季队长说："你这个队长，一点带头作用都不起啊？你之前不是答应得好好的，不仅自己签字，还会协助村里的征地工作吗？现在倒好，你自己都没签，更别说协助签了。我问你，我刚才说的话你听明白了吗？还有什么不理解的吗？"季队长忙说："没有。""好，那你给我说个时间，什么时候把协议签给我？"陈书记质问道。"一个星期之后吧，我尽量说服农民也签字"，季队长承诺道，"好，我就再相信你一次"陈书记严肃地说道。离开了桥村，季队长一筹莫展，现在的局面让他有点"下不了台"了，一方面，村干部不断催促签字；另一方面，写了联名信之后，农民将季队长视为了利益代言人。如果听从村干部的安排签字，村里的任务是完成了，但是在老百姓这边肯定是颜面尽失，他们也不会再相信自己。思前想后，季队长还是决定"按兵不动"。

4月21日，见季队长迟迟不行动，常主任和小殷开着治安巡逻车来到了季队长的小卖部。

> 常主任："陈书记之前已经跟你说过了，项目部的地这次是不征的。再说了补你这六七亩地，我整个村里不要补吗？补给你们队，别的队不补这可能吗？现在没有任何退路，一点退路都没有。肯定没有这钱给你的，你签与不签都不要紧，反正已经有几户签字了，你再不签，我再找到几户签了，就没有你的份了。很简单的道理，你说别人不签，别人怎么签了呢？说到底，我不要你第一个签，我已经先签了三户了，身为队长为什么你不签，人家老百姓都肯签字？"（田野笔记，XL20150421）

面对常主任的逼问，季队长也不甘示弱地说："你们现在做得离谱了，你们到别人家里去叫人家签字，队长没签字别人就能签了吗？"见季队长咄咄逼人，常主任悻悻地说："那你之前答应陈书记签的呢？马上七天的期限就要到了，你自己去跟陈书记说去吧。"常主任走后，季队长又陷入了沉思，现在村干部已经直接将其他农民先签的事情放到"台面上"来说了，而且项目部的钱目前看来也是拿不到了，如果他再不签的话，陈书记的一关过不去。但是又因为写了联名信，他答应了老百姓要签一起签，不能私下签的，普通老百姓可以反悔，但是他作为发起人，如果反悔的话，老百姓肯定会私下议论说是村里给了他好处，不然他为什么会出尔反尔呢？现在只能退而求其次，跟村干部要求在开群众会议的时候签字，以这种形式去签，才能将农民对自己的愤怒降到最低，要让他们看出他并没有私下拿村里的好处，而是村里逼他签的。

（二）掩耳盗铃

在 4 月 28 日，季队长主动来到了陈书记办公室。他对陈书记提出了需要开群众会议，才愿意签订征地协议的要求。等了这么多天，陈书记见季队长不仅自己没签，也没帮着找农民签，现在他还一个劲儿地提要求想为自己开脱，气不打一处来。

　　陈书记："你说的一个星期是要把生产队的人都签了的，不光是你签，你考虑个事情要考虑一个星期啊?!"

　　季队长："这样子，你们村里这样子，我把社员一家一户都喊了集中到村里来，我个人背地里不能签字。我支持你工作可以，但是我背地里不能签字，我们队里的事情复杂着呢，你又不是不知道。"

　　陈书记："有多复杂呢？你说的那个两三个事情，我不是都跟你解释清楚了吗？"

　　季队长："我理解啊！"

　　陈书记："你理解，那你就签字！我们现在工作凭的是交情和感情，自从你当了生产队队长之后，不管是你个人的事情还是生产队的事情，你哪一次找我，我没帮你的？这次为了征地我主动找你多少次了？你有一次是信守承诺签字的吗？"

季队长："我一定要在群众会议上签字，我要是不这么弄，人家就说你大队行贿我，我才签的，我以后还怎么跟老百姓打交道啊，你说？"

陈书记："那么多生产队，就你一个队长要跟农民接触啊？我认为你的方法不对，不能这么签！开会是什么事都办不成的，很少有谁开会签字，到时候你们开会，农民一闹，你下不了台面，肯定没法签！就算到时候你当面签字了，你看看有没有第二户人家签字？这会开了有什么用？就为了说明你季队长是清白的，是不是这个意思？你左一个支持工作，右一个支持工作，你之前自己亲自答应一周签字的，根本没说要派个干部下去开个群众会。你作为队长，都要考虑一个星期，那老百姓说，我还要考虑一年呢！我该说的都跟你说尽了，不要慢慢说，说了没有意义。我还是这句话，如果说你认为你不理解，你可以不签。如果理解了，请你签字！"（田野笔记，JCBX20150428）

正当陈书记和季队长为"是否要开群众会议"的问题僵持不下的时候，王村长来到了陈书记的办公室，他判断季队长其实有签的意思，但是不愿意担上骂名，所以才一定要开群众会议。于是，他给了季队长一个建议，就是代表"个人"签字。

王村长："你可以代表个人签字啊，你签的这个字是代表你个人，又不是代表你生产队，是以你个人的名义签的啊！而且之前陈书记说的也是让你个人签字，如果你能代表整个生产队签字的话，我们还要找老百姓签干什么呢？你们生产队又不是你第一个签，你肯定也听说了，那个协议上已经签

了三家了，至于说你签了之后有难度，你可以不要下去了，我们下去签协议。"（田野笔记，JCBX20150428）

听了王村长的话，季队长迟疑了一会儿，但他还是在小协议①上写下了自己的名字。在季队长看来，桥村的书记和村长都出面了，话都说到这个份上，再不签的话以后就没法与桥村干部打交道了。而只代表个人签字的说法，也许能相对减少农民对他签字的误解，至少他只代表自己签，如果不愿意签字的话，其他农民依然可以不签。但事实并不是这样，虽然季队长自己认为他只代表个人签字，农民依然有选择的权力，但这明显是"掩耳盗铃"，曾经为农民争取项目利益的带头人都签字了，原本就不算"齐心"的农民在缺少了"主心骨"的情况下，难道可以坚持到底吗？答案显然是否定的。

（三）"无奈放弃"

季队长在签字之后，并没有像其他组的队长立刻履行所谓的"队长的权力"——协助村干部推进征地，一方面，他担心农民在得知自己签字后的愤怒情绪，会因为他帮着村干部而更加激化；另一方面，他也担心农民心直口快，直接说出联名信事件是队长先提出的，他当着村干部的面也是下不了台面。在签字之后，村干部也不上门了，小卖部的生意也逐渐恢复了正常，季队长暂时休整了几天。但这只是风暴来临前的沉寂，纸终究是包不住火的，在季队长签字后的第四天，23 组已经传遍了他签字的消息。村民们纷纷责骂季队长，说他肯定收了村里的好处，不然他自己先牵头说不签的，怎么还会先签字呢？季队长说他一分钱都没拿，不信让他们到陈书记那里问，但是村民们不相信。面对

---

①　季队长之所以签在小协议上，是因为他认为签在大协议上是代表整个村民小组签的，而签在小协议上是代表他个人签的。其实，小协议与大协议是一致的，小协议最后也是作为大协议的一部分，附在大协议后面，一起交到三洲街道。

铺天盖地的谩骂，季队长也无力解释了，他拿出了王村长的那套说辞，说他签在了小协议上，没在大协议上签字，这就表明他只代表他个人签字，不代表生产队，老百姓依旧可以不签，而且他也不是第一个签的，早就有若干村民在他之前签字了。再说了，村干部天天到他门市，他也招架不住，损失了很多生意。季队长代表"个人"签字的解释在一些村民那里起了作用，他们听后觉得村干部确实不厚道，天天上门，谁都招架不住，而且他是代表个人签的。而对队委们来说，这样的解释是苍白无力的。

季禹成队委："你说你代表个人签字，那你签的字的后面为什么不写个代表你个人？你说你招架不住，我们不是写了联名信了吗？这个你现在再拿出来说就没意思了，如果你个人愿意签我们也不是不同意，但是你为什么不开群众会议当面签呢？"（访谈，JYC20150504）

季平和队委："你是生产队队长，怎么起带头作用？你当时还忽悠我，让我写，我写了之后你又签。你怎么才能让老百姓相信？你肯定得了好处，不然你肯定不会签字。你当时教老百姓都统一口径一道签字的，你怎么能先把字签了？哪怕你知道有人先签了，你再召开群众会议，大家一起商量，现在你倒好，直接签字了！"（访谈，JPH20150504）

面对队委的质疑，季队长也是哑口无言，虽然桥村没有直接承诺给好处，但是按照惯例，在项目结束后，是有劳务费的，根据不同的项目，费用不一样，一般都在 2000 元左右。但这并不是他签字的主要原因，最主要的是他觉得再折腾下去，也是"竹篮打水一场空"，钱这次肯定是拿不回来了。为了这"空头支票"与村干部撕破脸，对他来说百害而无一利，所以还不如签字算了，就算被老百姓骂也是暂时的，等征地补偿到位后，大家又开开心心分钱了。至于项目部的土地，以后用地的时候，再去闹腾，反正这次不用担心。趁着 23 组的农民讨伐队长，人心涣散的时候，村干部看准时机，各个击破。他们今天到你家，明天到他家，每到一家都拿队长说事，说队长都签了，你们为什么还不签呢？虽然村民们对于队长先签字意见很大，但是原本坚固的堡垒已经因为队长和先签的几个农民而逐渐被攻破了，他们也没有更好的办法，也没有第二个人愿意站出来带领农民争取项目部的资金。而且闹了这么长时间，也没闹出钱来，现在再犟也没意思了。抱着这种想法，签字的人数逐渐增多，最后只剩下两个队委没有签字，就这样，23 组也完成了征地任务。

第五节　小结

在三个村民小组的征地结束后没多久，整个项目的征地也在 2015 年 7 月结束了。征地的推进在时间上来说如疾风骤雨般，当特定的任务完成后，一切行动便骤然而止。由于征地补偿款的分配方案按照规定①由村民小组内部制订，桥村没有权力干涉，所以在签订征地协议的主要任务完成后，桥村的征地小组也解散了，村干部的工作重心也由推进征地，变成了各个条口的日常工作。综观三个村民小组的征地，虽然协议签订得顺利与否各不相同，征地过程中村干部、队长以及农民之间的策略互动也纷纷不一，但是队长在征地过程中的"中心地位"在三个小组的征地过程中都有显著体现。

---

① 江洲市国土局根据国家的相关法律出台了征地款分配的指导意见，土地补偿费应在村民小组内部合理分配，分配方案由村民小组内部制订，具体可以参照《关于征地补偿及相关费用分配的指导意见》（江政发〔2009〕74 号）。

由于新征地操作规则强调农民征地的参与度，在村干部与队长的策略互动中，村干部使用了"利益诱导""谈感情"等策略，而使用策略都是为了充分发挥"体制末梢精英"——队长的作用，希望队长能够协助推进征地。而村干部的这种策略行动在使队长获得经济利益的同时，也扩大了其在策略行动中发挥的空间，相较于过去，队长的自由余地得到了很大的提升，他的配合与否能够直接影响征地过程的顺利与否。利用村干部需要与自己进行利益交换的条件，在与村干部的互动中，队长"讨价还价"的余地增加了，他可以通过自身的策略行动对村干部进行施压，以获得对自己更有利的条件，并以此为筹码在与村干部的协商性行为交换中获得更多利益。而队长"讨价还价"的余地主要通过其与农民的策略互动来展现。如果村干部的策略起到了积极作用的话，队长便会通过"晓之以理，动之以情"的策略，劝说农民签字；反之，则会"煽风点火"，发动农民不签字或者"碌碌无为"，尽可能拖延签字时间。

影响队长策略行动的因素主要有两个：个人利益和个人权威。虽然大多数农民都认为，队长应该为农民说话，为农民撑腰，但实际上，队长的行为有很明显的"利己主义"色彩。在征地中，队长的个人利益包括村干部给予的经济利益、通过征地获得的经济利益以及个人的社会资本（比如征地后与村干部的交往等）。其中，通过征地获得的经济利益是与农民的利益相一致的，因为征地是群体性的，通过各种方法多拿的征地款也只能按照分配方案进行分配，个体之间不存在很明显的差异性。在与村干部进行协商性交换的时候，队长首先考虑的是个人利益，几经权衡之后，队长才会"决策"如何与村干部以及农民进行策略互动。除了个人利益之外，个人权威也是影响队长策略行动的重要因素。正如前文所说，桥村是弱社区记忆以及经济社会分化程度低的村庄（仝志辉、贺雪峰，2002），而处于其中的 28 组、20 组以及 23 组也缺乏"全能型"精英。村民小组内部是典型的"熟人社会"，小组里的村民都是熟人甚至是亲戚，他们彼此熟悉，每个孩子都在村民关注下成长，而他们周边的人也是从小就熟悉的（费孝通，2007：9），对于村里每个人的能力和品质等，村民们都了然于心。而在"熟人社会"中，有影响力的人物往往是在"道义"上站得住脚的，在日常村民小组琐事的处理上有责任心、公平、公正，能积极主动为农民办实事的人，但是他们发挥影响力的范围也仅限于所处的村民小组。而这类精英中的佼佼者往往被选作队长，因为只有这类精英农民才会信任他，服从他，换句话说，队长的权威是建立在农民信任的基础上的。

在23组和28组，队长在村民小组很有权威，无论是带动农民签字还是不签字，都有很强的号召力，队长的策略行动可以依托于其绝对性的权威展开。在20组，队长虽然也具有一定的权威，但是受到前队长势力的影响，与其他两组比，权威性有所削弱，这也直接影响了20组队长的策略行动。在没有接受村干部的交换条件之前，20组队长并没有像23组队长那样，通过发动群众来争取利益，而是选择了"拖"的办法。但是在与村干部协商一致，获得了"外在"权威的支援后，20组队长的权威性有所增强，在与村干部的合作下，也一举签订了前队长势力范围内的大桥北面的农户。在征地过程中，相较于村干部以及队长，农民没有那么主动，由于征地具有群体性的特点，与拆迁相比，农民不愿意在征地上耗费太多的精力，他们通常扮演"大树下乘凉"的角色。他们大都依附于队长，愿意将话语权交给队长，希望队长能够作为农民的"代言人"，帮助农民向桥村争取更多的利益。因此，大多数农民在得知队长签字的情况下，都同意签字。但是，也有一部分农民不愿意唯队长马首是瞻，在与队长或者村干部的策略互动中，他们不愿意放弃签字的权力，换取一时的利益或者"多一事不如少一事"的安逸，他们认为签了字就意味着没有了与政府"讨价还价"的条件，所以这部分农民选择坚持到底——不在征地协议上签字。而在这次征地项目中，三洲街道规避风险的策略以及桥村推进征地的策略也为这部分农民不签字的行为提供了可能。

第七章 普通村民：从"被忽视" 到"被重视"

当前，农民在农村的权力结构中的地位相较于村民自治机制出台前有所改善。以往在三洲街道，由于村委会的"一元化"运作，农民很少通过村民自治或者维权等方式获得农村权力结构中应有的地位，特别是在特定的利益事件比如征地、拆迁过程中。农民不仅在信息获取上遭到忽视，甚至有时个人利益也受到侵害，而且这一切农民有很大可能"事后"才会发现。但是这种状态，在2.5产业园的土地整理事件中被打破了，从三洲街道征地操作性规则制定的阶段到村干部在征地过程中的具体操作都充分体现了对农民权益的保障，也就是说，农民的权力地位经历了从"被忽视"到"被重视"的转变。

第一节 "弱武器"之殇：被 "忽视"的农民

农民是农村权力结构中不可或缺的重要主体，随着国家对"三农"问题的关注，农民的权力相较于过去受到了一定程度的重视，对于农民群体的关注点也从经济领域扩展到了政治与社会生活层面，但在现实生活中，该群体的权力并没有得到充分彰显，无论是在公共参与层面还是基本权益受到伤害的维权层面，农民在与村干部和基层政府的策略互动中都处于劣势。公共参与即公众通过个人参与改变或影响政治过程，这也是合法性制度赋予的权利（张厚安等，2000：67）。《村民委员会组织法》的出台使得农民的公共参与的权利合法化，而参与对村委会的民主选举是当前农民最为普遍的公共参与形式。在组织法的第三章中，有十条规定针对村委会的选举展开，从选民条件到组织监督都进行了详细的阐述。该法律的出台在主观上促进了农民权力的提升，但在客观上却并没有发挥实质性的作用，强制性的政治参与也没能够改变农民在农村权力结构中的弱势地位。很多学者认为，由于经济因素、传统文化、宗族、政治因素等方面的影响（孙秀林，2008；Epstein，1997；李连江等，1998），一些农村的民主选举实际效果不明显。Shi（1999）指出经济发展可能会导致任村干部采取收买村民或者上级官员的方式保障个人利益，从而导致村民对于村干部的依赖性增加，不利于基层民主的发展。宋维强（2001）认为，在我国传统文化中存在依附权威的政治文化传统，且强调普通百姓要"与世无争"，这就在一定程度上造成了农民政治上的冷漠。也有学者指出，当下我国实施的村委会选举制度是从上到下的过程，而在实践的过程中乡镇党委和政府的实际行动可能会对民主选举产生推动作用，但也可能会成为限制村民选举和推行村民自治的最大障碍（徐勇，1997；赵树凯，2001）。

就农民的抗争形式来说，主要有三种经典的解释框架：日常抵抗（Scott，1985，1990）、依法抗争（Li Lianjiang & O'Brien，2006）以及以法抗争（于建嵘，2004）。其中斯科特认为，对于多数下层阶级而言，有组织的政治活动本身存在一定的危险性，因此农民在维权过程中更加倾向于使用偷懒、开小差、诽谤、纵火、怠工、假装顺从和偷盗等"弱者的武器"。而这种日常抵抗也是当前农民采取最多的抗争方式，在现实生活中，由于缺乏表达意愿和利益诉求的通畅渠道，再加上"民不与官斗"的生活经验，农民往往在事件发生过程中使用"弱者的武器"，比如在村干部上门做思想工作的时候，采取回避的态度，"能不见尽量不见"；在谈到核心问题的时候，假装顺从答应，其实"当面说一套，背后做一套"，或者采取"迂回"战术，拖延时间等，这种方式对于农民来说，既能在一定程度上回避与地方政府直接抗争，又有助于个人利益的实现。除了在事件发生过程中，与村干部和基层政府的间接抗争外，还有一部分农民采取"被动"维权的方式，即在事件发生后，意识到自身利益受到损害后再进行维权。他们所掌握的核心信息远少于地方政府官员，而且对于一些边缘信息也处于被动接收的状态。等农民意识到利益受损的时候，往往事情已经进行到无法挽回的阶段，但为了自身的权益，农民只能进行抗争。

在桥村，农民也处于被"忽视"的状态，无法通过村民自治或者维权等方式获得农村权力结构中应有的地位。《村民委员会组织法》规定村民直接选举出村民委员会主任、副主任和委员，任何组织和个人都不能随意委派或者更换村民委员会成员。也就是说，村委会成员是由村民选举产生的，理应代表村民的意志，但在"一元化"运作下的桥村并不是这样。在治理结构上桥村存在村党支部和村委会两个组织，但其实是一套班子，彼此交叉任职，桥村的村党支部副书记由村委会主任（村长）担任，村党支部副书记及纪委书记由村委会"二把手"委员，也就是村级会计担任，村党支部和村委会主要管理人员高度重合。村党支部书记总管村级事务，掌握着决策权和裁判权，发挥领导者的作用，是实质上的"一把手"，而村委会主任则是村党支部书记的"代言人"，是协助其工作的"二把手"。村党组织在村级组织中的核心作用无疑扩大了基层政府在农村权力结构中的影响，同时也在一定程度上削弱了农民的权力。在日常生活中，村干部能够充分保证农民的权益，农民也拥有一定的话语权，但是一旦涉及与政府利益相违背的事件，村干部政府"代言人"的属性就被充分激活了，农民不仅在信息获取上遭到忽视，甚至个人利益也受到侵害，而对于这一切，农民有很大可能"事后"才发现，完全处于被"忽视"的状态。

除了"村民自治"受限的客观因素之外，农民自身"利益导向"的特点也制约了其在农村权力结构中的影响力。这种"利益导向"主要体现在两个方面：首先，农民在维权的过程中会过度看重"维权成本"，他们不愿意为了"不确定"的利益而损害自身的既得利益。

> 23组队委季余成："交通局在之前那块地栽树的时候，我们就准备写东西给政府，然后召集老百姓去政府。但老百姓大都是散漫的，很难集中。他有的是理由，他有自己的小生活呢，必须要工作，工作的时候又必须要出门，没空老往生产队跑。他们都要顾自己赚钱，除非是立刻能闹到钱的事情，他们才会去闹，像这种不确定能弄到钱的，谁去闹呢？还耽误事。"（访谈，JYC20150630）

其次，农民相较于权力诉求，更看重物质利益。在大多数农民看来，物质利益才是他们维权的真正动力，而权力的争取仅仅是实现物质利益的"附属品"。甚至，如果权力的实现没有带来物质利益的提升，他们宁愿选择削弱权力来换取物质利益。但随着"以法抗争"或者"依法抗争"事件的增加，也许将来农民的权力诉求会越来越凸显，因为这种诉求不仅仅是其物质利益的"附属品"，更会成为其争取利益的有力"武器"。

第二节　掌握主动权下的"积极谈判"

在这次的 2.5 产业园征地中，三洲街道拟订的征地方案在征地协议的签订上要求农民的签字率至少达到80%，不同于以前只需要村民小组长签字的形式，在这次征地中，村干部必须挨家挨户上门签字。也就是说，相较于过去的信息缺少或是刻意被隐瞒的情况，这一次的主动权掌握在了桥村村民的手上，在不需要努力打听的情况下，村干部会主动上门告诉他们征地的详细情况，由于村干部的主动，农民也愿意卸下防备，开诚布公地表达自己在征地中的利益要求，不再"遮遮掩掩"。

一　对症下药

在征地最顺利的28组，村民早就认识到了这次征地与以往的区别。在动员大会召开后，村里没有立刻来找农民签字，而是过了二十多天才上门。在这二十多天里，并没有村民主动去村里询问地价，他们大都认为，政府要征土地，肯定要主动来找村民。而他们也不愿意主动找干部，因为要是主动找干部的话，就会让干部觉得老百姓特别想把地方卖给政府，这在谈判的气势上，首先就输了，所以必须要等着干部主动来找他们。虽然行动不主动，但是28组的农民并不排斥征地与拆迁。他们提出，只要政府派干部下来了，他们也不会躲着不见，"丑媳妇总要见公婆"，只有见面了，才有商量的余地。除了等待之外，村民们还天天三个一群五个一伙地讨论这次征地与拆迁的情况。讨论的焦点主要围绕异地安置、征地价格以及拆迁与征地的顺序问题。28组在这次的2.5产业园拆迁之前，还经历过两次征地与拆迁，一次是2009年海陵大桥的连带项目238省道的征地，还有一次是2012年的扬子河改造，在2012年的项目中，28组有5户被拆迁，剩下的20户涉及的只是征地。而在这次的项目中，28组剩下的20户全部面临拆迁，同时与2012年安置方式不同的是，这一次的安置方式是异地安置，也就是统一分配安置房。虽然安置是拆迁中的程序，但是农民并不将征地与拆迁分割开来，他们对安置方式不满的直接结果就是不愿意被征地。

> 潘廷平："我今年62岁，从生下来就是这个土地，在这个土地上几十年，安居乐业，舍不得丢掉这个地方，首先目前我们的生活环境好，如今238省道就在我们这个地方，一下去就到我家，交通环境很好，空气又好，我才不愿意被征地，我也不愿意到这个安置房里去。"（访谈，PTP20150212）

> 严金涛："因为238省道的修建，我宅基地外面多了一块三四米的地方，但是我不占用集体的地方，荒在那里也是荒，就自己花钱搞一下，可以停四五辆车，村里有车的家里停不下的都可以停在这里，就在我家围墙外面，不算我家的宅基地。我这个地方不希望被征地、拆迁的原因就是这个，拆迁给我安置楼，车位还得买，家里停不下的停在外面还要给停车费呢。"（访谈，YJT20150316）

除了对自家地方的不舍之外，面对自己即将失去的宅基地，还有村民揭发说桥村曾经有买卖宅基地的行为。据村民透露，在若干年前，建众星家具广场的时候，众城村有六户人家，没有剩余的地方划地建房安置了，在桥村调了六户人家的地方，也就是在桥村拿了六块宅基地。村民据此认为，桥村卖地给众城村了，虽然当时桥村村干部解释说，这是村与村之间的协调问题，但是28组的村民并不相信，他们认为村干部没有透露具体的细节给老百姓，就是想隐瞒卖地的事实。虽然这件事情过去好几年了，安置方式也由划地建房变成了异地安置，但是在涉及自身利益的"节骨眼儿"上，村民又旧事重提了。

还有一部分村民觉得无法改变安置方式，他们也无法与客观规定较劲，但是他们关心的是征地与拆迁的顺序问题。

潘廷发："我们要求先拆迁后征地，要是先征地的话，我们跟政府就没有讨价还价的余地了，地方都被你征走了，钱都算给我们了，我们的房子也是在那块地上啊，那我们还怎么跟政府讨论拆迁的价格？我们一点优势都没有了。但要是先拆迁再征地的话，你政府要的地方在我们手上，又能讨价还价，不就不存在矛盾吗？"（访谈，PTF20150316）

目前国家对于集体土地上的房屋应该如何拆迁，并没有明确的法律规定，这就给具体的操作带来了巨大的空间。虽然这属于土地整理过程中的细节，但是征地与拆迁的顺序问题在实际过程中，确实引发了诸多纠纷。从对 28 组村民的访谈中可以看出，村民从自身利益出发，希望先拆迁后征地。首先，他们可以以拆迁签字为要求，增加征地价格上调的可能性；其次，集体土地上的房屋，属于集体土地上的附着物。如果在签了征地协议，土地被征收的情况下，再进行拆迁谈判的话，他们认为会缩小地价上涨的谈判空间。因为地已经是政府的了，而房屋是地面附着物，即使在价格不满意，农民不同意拆迁的情况下，政府依旧可以强制拆迁，因为土地的性质已经发生了改变。

不论是关于异地安置还是征地与拆迁的顺序，最后都汇聚到一个核心问题——地价上，这也是农民最关心的问题。在提到征地价格的时候，28 组的村民纷纷提出质疑，28 组河道对面的民生村上次征地的价格有 8.5 万元，但是这次桥村的价格只有 8 万元，为什么少了 5000 元？除了对价格不满意之外，村民们尤其是年长的老人都有一定的"土地情结"，他们都想住在自家的小楼里养老。还有一部分村民认为，虽然土地是集体土地，但是国家已经把土地分给老百姓了，老百姓的这块地是祖祖辈辈传下来的，即使他们不种，地方还是会传给下一代。但现在政府要征收，打破了这种传承，就应该以老百姓满意的价格花钱买地。

潘廷平："现在这个价格，8万元一亩，我们还是不甘心，价格太低。现在村里一块宅基地卖几十万元，一块宅基地还没有一亩。你说说看，哪个老百姓愿意？大队将来跟我谈的时候，我也这么跟他们说，你为什么不能卖一块宅基地给我们呢？你现在征我的地给8万元，我愿意给你20万元，只要大队愿意卖我一块宅基地。现在政府批了500个建房许可证给指南村，但是现在指南村没有人要建房子，这个名额现在就放到了我们桥村。也就是说，只要我们村里有人要建房子，就得建到规划好的居民点上，同时还得给村里20万元的手续费。一块宅基地还没有一亩，村里就能赚20万元，但是给我们的一亩地才8万元，谁心里会平衡呢？"（访谈，PTP20150212）

面对老百姓的诸多质疑，11月初，分工到28组的村干部方书记来到村民小组，对村民的不满进行了解释。首先，是异地安置的问题，方书记否定了桥村卖地皮的说法，说明了现在桥村完全没有地皮了，整个江洲市的情况也是这样，想买卖宅基地的可能性很低。其次，是先征地还是先拆迁的问题。政府提倡的是先征地后拆迁[1]，但关于推行先征地后拆迁的原因，方书记并没有对农民多加解释，只是作为一种硬性规定向农民做出了要求。最后，是农民最关心的地价问题。对于农民抛出的民生村地价8.5

---

[1] 正如前文所说，虽然国家法律没有明确规定，但是政府提倡的先征地后拆迁的方式比先拆迁后征地更能减少矛盾，如果先拆迁后征地的话，相关政府工作人员在拆迁谈判的时候，很容易用"以拆带征"的办法，即以拆迁带动征地，这种办法对于没有拆迁的村民小组的农民来说是不公平的，表面上地价是一样的，但有拆迁的农民却能在拆迁中得到地价的补偿。三洲街道倡导的是先征地后拆迁，但是在实际操作的时候，虽然大都也是先征地后拆迁，但由于每个村民小组的情况不一样，出现了三种顺序：先征地后拆迁、拆迁与征地同时进行以及先拆迁后征地。其中，先征地后拆迁占主流，通常适用于部分拆迁，或者曾经有过拆迁的村民小组；拆迁与征地同时进行的方式大都出现在整组第一次并且全部拆迁的村民小组，而先拆迁后征地，以拆迁带动征地的方式也出现在极少数征地矛盾突出的村民小组。

万元的质疑，方书记澄清道，这是民生村私下补贴的，不是政府行为，所以没有可比性，也不存在政府地价不一致的情况。而在提到地价 8 万元太低的时候，方书记说了三点，第一点是地价是政府规定的，经过了集体讨论和了解民意，已经从最初的 7.5 万元涨到了现在的 7.8 万元，还有两千元是桥村自己补贴给农民的，也就是总共每亩 8 万元；第二点是地价统一的原则，他强调说这个项目涉及三个村的价格都是一致的，不会出现不同村不同价的情况；第三点是地价如果后期还会上涨，那么先签的村民小组的价格也同样会涨到后期的价格。经过方书记的解释，还有很多农民将信将疑，并没有给出积极的回应，但是也没有提出更多的质疑。虽然并没有村民因为方书记的话而主动签字，但是村干部与农民"开诚布公"的谈判模式显然为 28 组征地协议的签订奠定了坚实的基础。

二　心知肚明的包明信

在征地反复的 20 组，曾经做过联队会计的包明信也积极与村干部谈判，并得到了相对满意的答案。与其他农民"抱团"签字或者询问的方式不同，住在海陵大桥南面的包明信对于征地有自己的一番理解。他认为 20 组的农民对于征地主要有两种态度，思想观念陈旧一点的人认为土地是生存资本，有土地才有安全感；另一种人是希望过几年再征，因为再等几年，征地的价格会更高，如果现在土地被政府征收了，就享受不到土地增值的收益了。在2009 年的时候，20 组只被征了七亩多的田，那个时候价格是 4.5万元每亩，今年是 2015 年，也只过了六年，现在征地价格却上涨到了 8 万元，谁不想再等等，拿更多的钱呢？相较于"土地情结"和"土地盈利"的心理，包明信更关心的是征地之后的生活。在桥村印书记和戴队长一起上门说服的时候，他也明确表达了自己的这一诉求。

包明信:"我因为只有三四分田,征掉也没什么大说法,不征也不要紧,就这三四分田种一种老百姓也愿意,但是把地征了以后我们的生活怎么办?虽然我们也不是靠田养活自己,但是我们的口粮都是自己种的啊。我家五口人,一亩半田,现在只有三分田一个人,我一年打的粮卖一卖正好补贴农药化肥,这一季的稻收了之后我家五个人的口粮还有剩余。但如果口粮田被征掉了,我就只能买粮了。我们家不是每个人都在家吃,我孙子在学校吃饭,我妻子在厂里吃,我在外面做工时就在外面吃,儿子跑跑业务什么的也不在家吃,就算一个人一年两百斤米,按照市场价两块钱一斤来算的话,五个人还要一千斤,要是这一千斤米都买的话就要两千块。另外我们原来还都有自留地,还可以种点菜,如豇豆、茄子、番瓜等蔬菜,我都不需要到街上买。但地被征了之后,都得上街买,哪怕吃一点青菜,哪怕是两根葱,都要上街买,这不都是钱吗?"(访谈,BMX20150325)

听了包明信的话,印书记也没有打马虎眼,他直接告诉包明信,所有的农民都有失地农民保障,可以选择交或者不交。如果选择交保障金的话,土地补偿中安置费的70%会交到社保局,根据政策每月可以拿450元,如果不交的话,则会把安置费全额放在征地补偿款里面增补给农民。听了印书记的话之后,虽然包明信仍然比较担心口粮田被征掉后所多出来的额外开销,但是他还是果断在征地协议上签了字,理由也很简单,他相信政府一定会对被征地农民的保障有一个交代。事实上,他早就听说有失地农民保障了,只不过这一次的失地农民保障具体是多少,之前他还没有具体去了解,但是现在村干部的解释使得他进一步确信政府会给予他合理的补偿。

第三节 充分行使"拒绝"的权力

新征地操作规则针对小协议与大协议的签字率提出了至少达到80%的硬性规定，虽然80%的规定从表面上看是为了尽可能争取到农民的支持，自愿签订协议，但是相较于过去的签字率100%的要求，暗含了允许20%的农户不签字的潜台词，也就是说，允许村民不签字并且不会强迫不愿意签字的村民签字，这种做法实则使得农民拥有了拒绝的权力。虽然集体土地征地具有强制性，不签字并不能改变被征地的结果，但这种允许"不同声音"存在的方式使得征地的过程更为民主，也更能体现村民自治的精神。在本书调查的案例中，20组和23组都出现了农民不签字的情况，虽然拒绝签字的缘由不尽相同，但是都彰显了农民权益的提升。

一 坚持到底的"三人帮"

正如前文20组征地情况中所提到的，虽然20组的征地签字率已经达到了80%以上，戴队长协助征地的回报也收入囊中，但是20组的征地依旧没有结束，因为还剩下最难缠的"三人帮"——前队长严冬根、严冬根的哥哥严平，还有他俩的邻居——周金兰。在3月6日上门的时候，他们并没有碰到这三个人。后来戴队长忙着拆迁交钥匙，印书记也有其他组的事情，这三个人的签字任务就暂时搁置了。在3月9日之后，印书记和戴队长又开始行动，努力实现20组征地签字100%的目标。

(一) 放弃"三人帮"

在印书记与戴队长"一唱一和"到北面签字之前，印书记就预料到前队长严冬根不配合的可能性很大，因为他与严冬根住在同一个居民点上，所以年后每次碰到严冬根的时候，印书记总是有意无意地提到签字的事情，希望上门签字的时候，严冬根要配合。严冬根每次也都是满口答应，说印书记只要来，就一定会给他面子。谁知道等印书记和戴队长真正上门签字的时候，严冬根却食言了。印书记和戴队长到北面签字的时候，三人都不在家，戴队长打电话给他们的时候，这三人不约而同地都说在外面打麻将，要到七点才回来，这明显是"缓兵之计"，先避而不见。2015年3月10日，印书记一上班，又打电话给严冬根，说下午五点要与戴队长一起上门找他签字，严冬根直接提出了自己的要求，他提出，只有先给出征地款的分配方案，他才会签字。但是印书记拒绝了，理由是分配是各个生产队的事情，村里的标准是按照规定分配，但是各个生产队的分配细则不一样，因为每个生产队的情况也不一样，并没有统一标准。按照规定，村里也没有权力干预生产队的分配，各个生产队有各个生产队的具体情况，如何分配是生产队村民自己处理的。严冬根并不理会印书记的解释，进一步提出了分配方案的具体细节，关于农村户口与国家户口如何分钱的问题，印书记回答说："那个到最后再说，这次你们队里数额很大，就按照每亩8万元，还几百万元呢，哪是以前一人几百元啊，现在一家人都是好几万元，谁会把钱送给别人去呢？"严冬根在电话最后，还是强调说要等分配方案确定下来再签。印书记语气严肃地说："签是支持，不签不代表就是反对，权利必须要让你行使一下，这个征地要把问题解决好了，钱放着不分是可以的，但是不能等你把问题解决好了再征地，政府也等不及。"

就这样，这次交流就在彼此的僵持下结束了。前队长严冬根想利用自己签字的权利，逼迫村干部协助生产队先拿出分配方案，而印书记，一方面不能违背分配政策乱承诺，另一方面又急于完成三洲街道指派的征地任务，两人互不相让。到了下午五点，印书记与戴队长准时来到了严冬根家门口，结果，两人又扑了个空，以前队长为首的三人，又不在家。印书记顿时火冒三丈，愤愤地说："今天我们真是多此一举，按照他上午的口气，我就猜到下午准没好事。这不，还真故意不在家，那个周金兰也是一天到晚跟着严冬根他们瞎混，都是'一丘之貉'。今天我是给了他们面子，他们自己不要的，明天我就直接把东西交到村里，反正就剩这三户了，谁怕谁啊！"就这样，印书记不再试图劝说三人签字了，自此，20组的征地任务完成了，虽然剩下了三户，但是总体签字率已经达到了80%以上。那么，为什么三人不愿意签征地协议呢？从前队长与印书记的交流中可以看出，他并不是对地价不满，而是强调分配方案，为什么他在征地款还没到账的情况下，就如此看重分配方案的出台，甚至以此为筹码不签征地协议呢？这还要从2009年海陵大桥的征地说起。

（二）"前队长"下马

在2009年海陵大桥征地的时候，前队长严冬根制订了初步的征地款分配方案。在分配方案中，他的私心明显，如果按照他的分配方案，他以及他的支持者拿到的征地补偿近万元，但是其他村民的利益则遭到了损害。20组的包福明这样说道："前队长在分配的时候，就好比将这个茶杯，硬说成了碗，认同他的老百姓就睁一只眼闭一只眼，也说茶杯是碗，但是不认同他的肯定还会认为那是茶杯，不会因为队长说了是碗，那就变成碗了。"可见，前队长试图在征地款的分配时"指鹿为马""中饱私囊"，但是村民也不是糊涂人，牵扯到切身利益的时候，"群众的眼睛是雪亮的"。

在前队长的分配方案中，争议最大的是城镇户口的村民该不该分钱的问题。前队长认为城镇户口的居民不应该拿钱，城镇户口的居民享受国家待遇，比如曾经因为建造江堤去做工的时候，农村户口的居民是100元一个人，城镇户口的居民则一分钱没有。城镇户口的人生老殡葬都是国家安排，普通老百姓是没有的，所以城镇户口就应不参与他们的征地款分配。这个决定"一石激起千层浪"，遭到了海陵大桥南面的城镇户口村民的强烈反对，因为在严冬根的方案中，曾经城镇户口的村民拿不到任何征地补偿款，征地款全部分给农村户口的村民。而前队长自己家全部是农村户口，他的哥哥和一些支持者也都是农村户口，他的这个决定私心很明显，所提出的方案也对他自己绝对有利。20组的城镇户口村民有的是年纪轻的时候当兵转业回家的，有的是在事业单位退休的。他们虽然是城镇户口，但都是在20组长大的，现在20组的土地被征收，他们如果分不到一点钱，也无法接受。因为被征收的不仅仅是口粮田，还有公共的河塘等地方，他们要求的仅仅是公共部分的征地款。

除了围绕城镇户口村民是否分钱的纠纷之外，在前队长的分配方案中，对个别农民特定的情况也没有给予关注。

> 戎建平："上一次征地，按照严冬根的方案，我们生产队是分7000块一个人，当时我儿媳妇2005年户口就进了我家了，孙子是2002年生的，但是按照方案，我家孙子和儿媳妇都没钱拿。后来，儿媳妇户口回来之后，我曾经向生产队要过田，生产队没有划给我，说等一年再说。后来我每年都向生产队要地，但都没有要到，到最后这里拆迁了，说我家这两个人不应该分钱，因为没有田。到最后，我说我家儿媳妇的户口是2005年来的，还有人家是2007年、2008年来的都分了钱，而我家的为什么不能分？他们不相信我说的话，从村里查到镇里再查到派出所，一直查到公安局，确认是2005年来的，后来说孙子可以分钱，媳妇得扣2000块。之后，我也不想把事情闹大，就放弃了这2000元，但组里的这种行为确实不公平。"（访谈，RJP20150330）

虽然利益遭到侵害的戎建平，愿意息事宁人，但是20组的几户城镇户口的村民却咽不下这口气，他们写联名信到桥村，要求罢免严冬根，重新选举队长。当时还没到换届的时候，但是了解到民意之后，发现 20 组的大部分村民都认为严冬根的方案不公平，难平民愤。于是，村干部同意了他们重新选举队长的要求，就这样，任期还没结束的前队长被临时"拉下马"，而戴队长则中途"上马"。上任之后，戴队长根据城镇户口村民的要求，同意将公共土地的征地款平均分给城镇户口的村民，也公平处理了前队长所疏忽的个别农民的特殊要求。就这样，闹了好几个月的海陵大桥征地款的分配才得以结束。

（三）拒绝签字的缘由

虽然 2009 年海陵大桥征地款的分配闹得满城风雨，但是这次征地距离上次已经有 6 年，难道前队长是因为对于上次突然被"拉下马"怀恨在心，才不愿意签字的吗？但事实并不是这样，也许严冬根对于 6 年前的"下马"心有不甘，但正如前文所说，他更关心的是这次的分配方案，因为这涉及他的切身利益。

> 严冬根："征地我不管，随你们村里、镇里、县里、省里征，与我无关。但是，你要把所有的方案放出来。你国家征收，我无权过问，但是你也不能让我们做老百姓的没办法。必须要先给我分配方案，总共多少亩，总共多少钱，应该怎么分，你分配不好，就不要征我的地。"（访谈，YDG20150407）

严冬根并不是不愿意签字，对于征地的价格也没有顾虑，但是他在意的是征地款的分配，如果按照上次方案分配的话，城镇户口也可以分到一部分公共土地补偿。对于城镇户口，严冬根的态度还是很坚决的，他说："我一直就是这个态度，做方案也是这个方案。城镇户口一律没有，到最后分的零头可以给你点，城镇户口我凭什么给你钱啊。要我给你钱，那你把城镇户口的退休金拿出来，给我们老百姓分啊。"而这一次 20 组总共有 560 多万元的征地补偿款，如果按照严冬根的想法的话，因为城镇户口村民的介入，他们平均下来，每人少分的就不止 2009 年的几千元了，而是上万元。他担心这一次的分配还是按照 2009 年的分配标准来执行，所以他以签字为筹码，企图让村里提出一个分配方案，规定城镇户口没有征地补偿款。如果村干部不出面的话，按照村民自治，20 组的村民有很大可能还是会同意 2009 年的征地方案的，这样，他的损失就更大了。但严冬根的计划是无法实现的，因为按照规定，征地款的分配只能在生产队内部进行，由村民自主分配，桥村的村干部必须遵守这个分配原则。

除了围绕城镇户口是否该分钱之外，前队长的盟友周金兰和亲哥哥严平，着重提出了对于田亩数的质疑。

周金兰："我是愿意征地的，田亩补偿的价格我也接受，我们村被征地也是好事，但是村民最起码要通知一下，量的是从哪里到哪里，面积是多少，又不喊我们又不通知我们，光说征地征地，你说你心里什么想法啊？你要喊我们去开个会，哪里到哪里，多少钱一亩，价格合适了，就是差一点我们也会同意，无所谓。大多数人都同意你为什么不同意，我的意思是需要队委喊我们去开个会统计一下，讲几句，又不喊我们开会，又不知道从哪里征到哪里，我们为什么签给你啊？"（访谈，ZJL20150401）

严平："让我签字可以，我不会拖后腿，人家要 8 万我也不会要 10 万哦。我说签字是正常的，人家签字我也会签字，但是你把我们哪一块地方现在公开讲一下，我们肯定会签字。你把生产队的事情当着我们老百姓摆平了就行。我们没有什么多大的难题，你只要把生产队这块地方多大的面积如实告诉我们。"（访谈，YP20150401）

周金兰与严平的质疑主要针对的是 20 组这次征地的总亩数，这直接关系到征地补偿款的分配，周金兰认为国土局到组里测量总体面积的时候，应该要村民都在场，这样才无法作假，而严平的话语里也充满了对田亩数的怀疑。但事实上，总亩数作假的可能性非常低，因为现在都是卫星定位，不需要人工丈量，所以参与与否其实并没有多大的区别，反而农民手工丈量的面积并没有卫星定位精确。而对于征地协议上亩数的空白，这是桥村的策略，目的是尽快签订协议。因为每个村民小组具体的亩数涉及组与组之间的界址纠纷，所以一开始卫星测量的亩数与最终的亩数并不一致。如果等把亩数确定了之后，再去征地的话，一方面会激化矛盾，另一方面也会浪费时间。但是最终亩数确定后，会让队长与队委再次审核协议，得到他们的认可后，才会有相应的征地款划拨到桥村。

从三人不签的理由中可以看出，他们对于现任的戴队长和桥村的村干部充满了不信任，但同时又希望通过村干部的介入，实现自我利益的最大化。在言谈中，他们都没有回应在 2009 年征地中，其他农民曾经对于分配方案的质疑，而是一味地斥责他人对于自己利益的侵占。虽然三人最后没有签字，在村干部看来是 20 组的征地任务没有圆满完成，但笔者认为这反而从侧面反映了农民权力的提升。即使最后在分配征地款的时候，三人可能还是需要签字才能拿到补偿款，但是至少，他们在对征地产生怀疑的时候，可以行使自己不签字的权利，而不是被迫签字。

二　坚持到底，就是胜利

虽然 23 组的征地过程最不顺利，但是在季队长签字后，签字的人数逐渐增多，最后只剩下两个队委——林成栋和季银城没有签字了。面对村干部的劝说，他们的回应是，反正只要达到 80%就行了，他们不愿意签字。

林成栋队委："反正只要达到80%就行了，我不愿意签字，我也不会去闹，闹了也没啥意思。你们不要项目部的钱，我也不要，反正也不是我一家没有。那些人开群众会的时候说了那么多，结果背地里签字，真是拿别人当傻子啊，反正要签就让他们签，反正我是不会签的，但是我也不会去闹的。"（访谈，LCD20150617）

季银城队委："我的要求就是，要签字就放到台面上签，你何必做什么小动作呢？对不对？经过这一次我就不相信季队长了，他签字可以开个会，大家一起签，但是他一个人先签就不对。队长本来就是为群众服务的，有什么事要去同老百姓沟通，结果他倒好，自己先签了。当时都承诺得很好，要签一起签，开会又不是我一个开的，大家都在的，我现在就有一种被欺骗的感觉。队长再有什么难处，不能大家一起签字吗？何必在那里偷偷摸摸地签呢？反正我不想签，但是钱还是要分给我，你们都不要钱我还要钱呢！"（访谈，JYC20150704）

林成栋和季银城并不是不愿意被征地，之所以不愿意签，还是觉得自己被糊弄、被欺骗了。起初，季队长牵头，大家在写联名信的时候就说好了共同进退，但是写完联名信没几天，队长就签了，后来其他队委和农民也陆续签了。在林成栋和季银城看来，这是把之前的努力当"儿戏"，所以，他们为了表明立场，决定不签征地协议。见林成栋和季银城难以说服，常主任决定还是请季队长"出山"帮忙，毕竟他俩也不是因为原则问题不签字的，而是有点"赌气"的意思在里面。正好这几天要办失地农民保障，需要队长来村里，常主任打算趁着这次机会，让季队长帮忙签字。他深知季队长最在乎的还是自己的利益，于是他就从利益的角度入手劝说季队长。他告诉季队长，三洲街道已经把23组一百多万元的征地补偿款打到桥村账上了，但是23组现在还有两个农民没签字，没签字是拿不到征地补偿款的，一天不签，老百姓的利益就损失一天，早一天签，就少给银行利息一天。而且不签字的话，就办不了失地农民保障，因为这补偿金是给失地农民的，没签字的严格意义上不算是失地农民。然后常主任就要求季队长找这两个队委签字，并说这是最后一次上门了，无论他俩签不签，不会再有第二次了。不过常主任也自知自己的话里漏洞百出①，所以他还嘱咐季队长到时候不要多说，愿意签就签，不愿意签也没关系。听到常主任的话，季队长答应了他的要求，反正现在大部分农民都签了，之前的签字风波也过去了，帮助村里劝说两个人签字也不是什么难事，毕竟他在23组还是有一定威信的，要是没有之前的签字事件，老百姓对他是没有任何怨言的。借着向农民收户口簿和身份证办失地农民保障的"东风"，季队长来到了林成栋家里。

> 季队长："村里要求每家每户的户口簿和身份证拿去村里复印，我说你这征地怎么还不签字呢？上面在发生活保障费呢。你不签是给你办还是不办？我说你还不签干什么？"（田野笔记，SFLCD20150703）

虽然季队长按照常主任的嘱咐，说得含糊其辞，但是林成栋立刻明白了队长的意思，从上一次常主任找他签字到现在也有一个多月了，这段时间他自己也想了想，签个字也没什么，反正项目部的钱也拿不到了，现在签了还能早点分钱，也能早点拿失地农民保障金，有谁会跟钱过不去呢？于是他在协议上写下了自己

---

① 之所以漏洞百出是因为，即使少数农民没有签字，依旧可以拿到征地补偿款，因为征地具有强制性；而虽然三洲街道没有强制推行失地农民保障金，但是如果要放弃，必须农民主动签订承诺书。

的名字。见林成栋签得这么顺利，季队长马不停蹄地又去找季银城，但是季银城对于这套说辞却不买账，他宁愿放弃失地农民保障金，也不愿意签字。

> 季银城："有保障没有保障我不在乎，他这个钱就算是没有又有什么呢？无所谓，这才多点钱啊！我不签字，我是有权利的，我签了到时候就没办法了，反正我不签。"（田野笔记，SFJYC20150703）

与之前的气愤不想签字不同，冷静下来的季银城认为，在签字上征地类似拆迁，要是签了字的话，就没有讨价还价的余地了。如果不签字的话，说不定以后项目部补钱的时候，自己还能拿到钱；但是如果签了字，到时候就相对被动了。面对季银城的坚持，季队长也没有再强求他签字，村干部也就"听之任之"了，持续了大半年的23组征地也终于尘埃落定。

第四节　小结

在桥村，由于"一元化"的领导体制，村党组织在村级组织中处于绝对的领导核心地位，而这种组织状态无疑扩大了基层政府在农村权力结构中的影响，同时也在一定程度上削弱了农民的权力。一旦涉及与政府利益相违背的事件，村干部政府"代言人"的属性就被充分激活了。农民不仅在信息获取上滞后，甚至个人利益也受到侵害，而且这一切农民有很大可能"事后"才会发现，权力完全处于被"忽视"的状态。在2014年之前，桥村采取村一级和村民小组代表（队长与队委或者队长）共同签字的办法，这种签字方式只需要基层政府说服村民小组代表即可。在很多村民小组，大部分农民在完全不知情或者自身利益要求与政府还未谈拢的情况下，土地的所有权就已经被国家回收了。等政府开始用地的时候，农民才意识到土地被征收了。在这种情况下，往往农民的抵制情绪会比较强烈，为了阻止政府用地，他们通常会采取非理性的方式。

桥村农民相对"弱势"的权力地位在 2014 年 2.5 产业园项目中，得到了实质性的改善。正如前文所提到的，"群众路线教育"与"依法治国"方针的推进使得国家对群众利益的关注以及对依法办事的管理上升到了新的高度，再加上监管与查处机制的强化，这使得原本就打法律"擦边球"进行预征地的三洲街道改变原有征地方案。而新操作规则格外强调征地协议签订的"自愿性"以及对于农民征地利益的保障，在新的方案的指导下，农民与村干部乃至基层政府的联系互动更为频繁，而且在互动过程中，农民的自由余地提升了，能够在一定程度上主导征地事件的发展。

新的征地方案首先遵循了国家和江苏省提出的加强征地中农民知情权、参与权、申诉权和监督权的要求，规定要签订《征地调查结果确认表》（小协议），并且除了需要农村集体经济组织负责人签字、盖章之外，还需要农户签字。这种做法充分保障了农民的知情权和参与权，相较于以前土地整理时的"蒙在鼓里"，在这次征地中，通过村干部或者村民小组长上门签订协议的方式，每户农民都能够对征地项目的性质、征地价格等核心问题有充分的了解，这极大提高了农民在征地中的参与度。

28 组潘廷平："我也听说了这次征地要每家每户签协议，反正我不愿意主动找干部，要是主动找干部的话，就好像我特想把地方卖给政府似的，在谈判的气势上就先输了，所以必须要等着干部主动来找我。但是我也不是想逃避，只要政府派干部下来了，我们肯定不会躲着不见，'丑媳妇总要见公婆'，只有见面了，才有商量的余地。"（访谈，PTP20150212）

农民的话充分反映了其公共参与方式的转变，在以往的土地整理中，从农民的角度来说，他们通常会采取被动"抵抗"或者被动"接受"的方式，比如找理由说没空，让村干部坐"冷板凳"或者无论村干部提出什么要求，他们都被动接受，在签字的时候"人云亦云"。虽然这两种被动的反抗方式看似"风平浪静"，实则蕴含了更大的矛盾。一旦事后，农民听到任何传言觉得被政府不公平对待了，酝酿已久的情绪便会爆发，如果有外部的动员性力量注入的话，农民就有很大可能会以不理智的、激烈的方式释放出来。而对村干部来说，他们也没有与农民沟通的动力，一方面本来就不需要农民签字，另一方面有时候说多了，反而容易弄巧成拙，增加不必要的麻烦。在这次征地中，不论是农民还是村干部在处理方式上都有了积极的转变，因为征地方案的要求，村干部很注意与农民的沟通，即使自己不亲自上门，也会嘱咐村民小组长准确传达本次土地整理项目的核心信息。再者，由于村干部的殷勤主动，农民也愿意卸下防备，开诚布公地表达自己在征地中的利益要求，不再"遮遮掩掩""含含糊糊"。

除了采取每家每户签订协议的方式之外，本次的征地方案针对小协议与大协议的签字率提出了至少达到80%的硬性规定，该规定在主观上帮三洲街道规避了一部分风险，但在客观上却促进了农民权利的提升。签字率达到80%，而不是100%的规定，其实暗含了允许20%的农户不签字的潜台词。这种做法实则使得农民拥有了拒绝的权利。虽然根据国家的法律规定，集体土地征地具有强制性，不签字并不能改变被征地的结果，但这种允许"不同声音"存在的方式使得征地的过程更为民主，也更能体现村民自治的精神。在2014年之前的桥村，对于村民代表的签字，基层政府的要求是力求百分之百，所以在与村民代表的谈判中，强调的并不是"自愿签订"，而是征地的强制性。很多村民小组长是在本组村民的利益没有充分表达的情况下，就被迫签订协议的。在这次土地整理中，村民小组长在独自上门签字或者是在村干部的陪同下上门签字的时候，强调的都是"自愿"，如果不愿意是允许不签字的。但是，因为有签字率的压力，所以村干部会采取各种策略，尽力劝说，比如"对症下药"、充分解释征地政策以及与村民小组长"一唱一和"等。不过，与过去不一样的是，如果在村干部和村民小组长的努力之下，村民依然不签订征地协议的话，他们便不会再强制性要求其签字。

本书案例中的桥村20组和23组都出现了农民不签字的情况，其中，20组有三户村民没有签字，虽然他们拒绝签字的理由有一些纯粹出于个人利益，初衷也并不是不愿意征地，而是想利用"不签字"的权利，实现自身利益最大化。但是他们所强调的亩数的空白确实直击要害，而他们行使的不签字的权利也警示了桥村的村干部，对待农民要更为公正、公平。如果说20组的三位农民不签字的主要目的是物质利益的话，那么23组季银城队委拒绝签字则体现了农民从"物质利益"到"权力诉求"的转变。一开始，他不签是因为有被欺骗的感觉，不愿意签字。但是冷静下来后，他认为，既然这次征地需要每家每户的农民签字，而且要求达到80%的签字率，那么他就拥有拒绝的权利，所以他选择不签字，只要不签，他就拥有与土地联结在一起的权利。季银城队委的想法充分体现了他对于权力的诉求，他认识到了权利不再是物质利益的"附属品"，而是比物质利益更为重要的"武器"。物质利益是短暂的、容易被剥夺的，但权利的拥有却更为长久，也更能彰显自身权益。

第八章 结论与讨论

至此，本书主要探讨了在新时期征地过程中农村权力结构的变化。规则的变化是农村权力结构变化的前提，在新规则的影响下，不同行动者通过各自的行动策略进行互动，从而引发了农村权力关系的改变。这种基层政府权力受到约束，而农民群体权力凸显的过程体现了具体情境下农村权力关系结构的改变。那么，这种农村权力结构的变化到底给农村政治生态带来何种影响呢？在笔者看来，征地过程中农村权力结构的变化反映了农村微观治理过程的变化。虽然乡村治理的概念从 20 世纪初就开始被广泛使用，但正如文献综述中所提到的，无论是"治理精英视角"还是"国家与社会关系"视角，大都从乡村秩序的维系以及乡村社会如何发展的等宏观角度进行探讨（徐勇，2003；贺雪峰等，2005；郭正林，2004；项继权，2008），相对忽视了乡村治理的微观视角。虽然在"国家与社会关系"视角中，有一部分学者已经试图从行动者策略互动以及权力具体运作方式的角度对农村治理过程进行阐释（孙立平等，2000；马明洁，2000）。但是他们所理解的权力主体之间的动态互动以及具体权力的运作依旧建立在国家与社会关系的宏大背景之下，并没有切实展现宏观规则变化后，各个权力主体的互动所体现的农村权力结构乃至治理过程的变化。还有一部分从"治理精英"视角对农村治理结构进行研究的学者采取了微观视角，但主要分析的是乡村社会内在的运作机制以及农民的生活逻辑（贺雪峰等，2007），虽然其将研究领域限定在了乡村内部，但实质仍然是一种宏观制度研究。他们将政府作为乡村治理的重要主体，站在管理的角度对国家政策在乡村的推行进行研究。

而这些研究，也在一定程度上违背了治理概念（governance）的含义。按照全球治理委员会的定义，治理是调节冲突和不同利益并且实施联合行动的持续过程。它包含了诸多方式，既有正式规则也涵盖了非正式的制度安排。它具有四个特征：①治理本身并不是控制，而是协调；②治理不是活动，也不是成套的规则，而是一个持续的过程；③治理同时涉及公共部门和私人部门；④治理是持续的活动，并不是正式的制度（俞可平，2001：41）。也就是说，治理并不是一种制度，而是一种充分体现参与以及协商的权力主体的互动过程。而十八届三中全会采用了社会治理的新概念，并将推进国家治理体系和治理能力现代化作为全面深化改革的总目标之一（中共中央宣传部，2014）。当前所提到的社会治理更强调双向互动、多元参与、合作协商、公开透明以及法治体系（李强，2015）。结合全球治理委员会对治理的定义以及组织决策分析，本书从互动的角度探究农村微观治理，认为农村微观治理是农村权力主体运用行动策略而进行的协商性权力互动过程。而我国全面改革在农村的推进，也正是通过农村微观治理的变化得以充分展现。

总的来说，农村的微观治理过程发生了变化。宏观政策的变化首先造成了基层政府权力空间的压缩，为了适应新的规则，基层政府将新征地操作规则的制定作为变通新规则的策略。而新征地操作规则的出台则导致了街道与村干部、村干部与农民以及农民与街道权力关系的变化。这种权力关系的变化可以总结为权力重心的下移，其过程充分反映了农村微观治理过程的变化。在十八大之前的农村微观治理是一种"自上而下"的管理，基层政府拥有绝对的话语权，虽然强调村民自治，但农民无法真正参与到农村治理中来，甚至在自身权益受到侵害时，也无法通过正当渠道维权。而在这次征地过程中，权力互动层面从以基层政府为主导变为以农民（包括村民小组长与普通村民）为主导。同时，农村治理主体所拥有的自由余地发生了从上至下的流动，基层政府以及村干部的自由余地受到了制约，而农民群体的自由余地则获得了增加。也就是说，在农村微观治理过程中，基层政府不再"一言堂"，反之，行动者通过各自的行动策略，构建了协商性交换，体现了一种权力上下互动的过程。原本处于"边缘化"地位的农民群体不仅参与到征地过程之中，其权力地位也得到了很大的提升。

第一节　从宏观政策到微观治理

在当前有关农村治理的研究中，虽然部分学者分析了地方性规范在农村权力运作以及治理过程中的作用，但相较于村庄内部的规则，他们相对忽视了宏观规则的变化给农村权力结构带来的影响。还有学者将农业税费改革之后的国家政策环境作为农村治理的背景，探讨当下的农村治理困境。但在这类研究中，也没有将国家政策的变化与农村治理变化的过程结合起来进行分析。本书认为，在如今地方性规范相对缺失的农村社会，国家在乡村生活中的影响不能简单地被忽视或者重视，而是应该结合具体的事件，从微观的角度考察具体行动领域中，规则的变化对于农村微观治理变化的影响。而桥村的征地过程，充分展现了宏观政策变化，也就是规则的变化对于农村微观治理的影响。

按照组织决策分析的论述，具体的规则构成了行动的先在条件，规则改变了，权力主体的行动策略也会发生改变，从而引发彼此互动关系也就是权力关系的变化。规则在特定的时刻象征着行动者之间权力均衡与妥协的状态。虽然，在治理机构中规则发挥着核心约束作用，但其具有不确定性特点：一方面，规则本身具有原则性和策略性，哪怕是相同的规则，在不同的执政时期和社会运动中呈现的具体内容也各不相同，规则自身是充满变数的；另一方面，在运用规则对行动者进行约束的时候，又因为其实施的不确定性，而充满"弹性"。即使规则有明确的实施标准，但最终还是会沦为"有限规则"。因为一旦规则被创造出来，人与人之间交互作用的策略属性就会对其进行侵蚀，由此，使任何一种可能会有的透明存在都变得模糊不清（费埃德伯格，2005：147）。每个参与者都被假想为依赖于环境但也进行环境建构的人，在适应行动领域规则的基础上也能借助自身的行动改变或影响规则（费埃德伯格，2005：202）。

　　虽然规则在执行上充满了"不确定性"，其约束能力也体现了"有限性"的特点，但是对于特定事件或者特定组织中的行动者来说，规则的约束力是不容忽视的，它直接制约了行动者的策略行动。如果规则发生变化，那么就会带来一系列连锁反应，虽然行动者具有主观能动性，但是为了在新规则下获得更多利益，他们必须要改变原先追求利益的策略，采取新的策略来适应新的规则。行动者可能会进行利益最大化计算，但其结果被外在于个体计算与控制的一系列结构性与制度性因素所塑造（Koelble，1995）。在重大事件发生过程中，由于事件所具有的范围广、利益性以及时效性的特点，行动者会对变化后的宏观规则立刻做出反应，从而改变行动策略以适应新的规则，因为只有某种程度上适应新的规则，才能更容易实现自身的目标与利益。也就是说，在具体事件中，为了获利，行动者不得不受到组织的限制和约束，并且根据其他组织成员能接受的方式进行策略行动。虽然在新规则下行动者的行为受到了限制和约束，但由于其"不确定性"，也为行动者提供了新的机会主义空间。而行动者这种应对规则改变的新行动策略直接造成了各个行动者之间权力关系的变化，从而农村的微观治理也发生了变化。

在本书的案例中，十八大以来，中共中央发布了多项新规则，与基层密切相关的新规则主要有群众路线教育的开展、全面推进的依法治国。群众路线教育在基层的落实表现为"服务型"政府的建设，基层政府也不再把经济增长与城市建设作为第一追求，而是在发展的基础上更多地考虑，比如群众的利益与诉求。依法治国的推进在基层的影响表现为基层干部在政策执行过程中更加注重相关法律和规定，以前一些不符合法律规范的工作程序或者方法都被要求改进。

为了确保新规则的施行，进一步将"权力关进制度的牢笼"，国家加大了权力运行制约和监督的力度。在监管与查处"指挥棒"的约束之下，基层政府的违规成本变高了，不得不接受新规则的约束，因为只有适应新的规则，才能在新政策环境下实现相应的目标。但是这种接受并不意味着绝对性地服从，正如上文所阐释的，规则具有"不确定性"。在实践过程中，行动者为了实现各自的目标和利益，会通过一系列行动策略对规则进行变通。为了更好地完成更为细致的征地方案，将征地矛盾出现的风险降到最低，街道干部将征地任务交给了对桥村情况了解更深入的村干部，使得两者的权力关系由"指导与协助"变为"行政发包"。同时，征地方案中要求每家每户签字，签字率至少要达到80％。村干部作为征地任务的"承包人"，采取了利用村民小组长带动村民签订协议的策略，这种策略直接引发了两者的权力关系从"上传下达"到"逆向依赖"的转变。最后，从三洲街道征地操作性规则制定的阶段到村干部在征地过程中的具体操作都充分体现了对农民权益的保障，也就是说，农民的权力地位"被重视"了。这种规则改变引起的行动者权力关系的变化，充分展现了农村微观治理的转变。在这次征地过程中，基层政府改变了以往的"独断专行",以协商的方式推进征地,而农民权力地位得到了提升,参与度也得到了很大的提高。

第二节 农村微观治理的变化:
权力重心下移

建立在传统的静态权力观基础上的农村微观治理研究将农村治理过程视为一种从上至下的管理,而不是自下而上的互动。即使从治理规则角度展开的探讨,也大都研究既定规则下的农村治理困境。忽视了宏观规则变化下所带来的农村权力结构乃至农村治理过程的变化。在本书的研究中,中共十八大以来政策环境变化借助监管与查处机制的推行,强化了规则的约束力,也使得基层政府不得不制定新的征地操作规则,这种从宏观规则到征地操作规则的变化直接或间接引发了街道与村干部、街道与农民以及村干部与村民小组长之间权力关系的变化,从而也展现了农村微观治理的变化。

该变化进一步体现为农村权力重心的下移。具体而言,权力重心下移主要表现在两个方面:首先,是权力互动层面的下移。权力互动层面发生了从以基层政府为主导到以农民(包括村民小组长与普通村民)为主导的移动。其次,是治理主体所拥有的自由余地发生了从上至下的流动。按照组织决策分析理论的解释,自由余地被理解为有可能优先以自己的方式在较大程度上操纵某个直接影响组织生存的重要资源。虽然权力关系的变化发生在行动者的策略互动过程中,但是策略互动仅仅是权力关系变化的表现形式,真正衡量权力的增减、权力关系变化的主要因素是自由余地。假设 A 与 B 的旧权力关系是 A 比 B 强势,B 不得不服从 A,当在新的事件发生并且新规则出现的情况下,双方都试图通过策略互动,构建于己有利的协商性交换。在这一策略互动过程中,即使 A 拥有多于 B 的权力资源，也不一定能成为权力增加的一方，如果通过策略互动以及各自的利益取舍，反而 B 的自由余地比 A 多，即 B 能够操纵主导事件局势、改变现状的关键性资源的话，那么 B 在与 A 的权力关系中便是占有优势的一方，那么两者的权力关系自然也发生了变化。在这次征地事件的进行过程中，基层政府的自由余地由于政策环境的变化、规则的改变而受到压缩，无法主导征地事件的发展，也无法单方面地操纵局势。相反的是，村民的自由余地得到了很大的提升，村民小组长成为征地过程中"绕不开"的关键人物，能直接影响征地过程的顺利与否，而普通村民各方面权益的提高也使得他们在征地事件中拥有足够的话语权和参与度。

　　大部分学者把人民公社制度的解体以及村民自治制度的建立看作国家政权在农村影响力的分水岭。在人民公社解体之前，国家对农村的控制权不断提升，通过对基层精英——生产大队干部的控制，直接在最基层的乡村治理中显示了国家的绝对主导权（周飞舟，2006；罗泽尔、李建中，1992；宿胜军，1997）。而在人民公社解体之后，相关学者则认为，在农村，国家政权的影响逐渐降低，乡村生活的自主性不断增强。特别是随着《村民委员会组织法》的推行，作为村民自治组织的村民委员会取代原来的生产大队主导了村庄权力格局，以村民自治为特色的新的治理模式也应运而生。但是，在现实生活中，村民自治机制对于村级组织在乡村治理参与度的强调并没有得到充分贯彻。在日常生活中，村干部的"当家人"，甚至是"理性人"的角色能够在一定程度上彰显，但在重大项目比如征地事件中，村干部更多的是扮演"代理人"角色，协助基层政府完成组织目标。也就是说，虽然在日常生活中，基层政府不会过多干涉村级事务，但是只要涉及重大事件，基层政府在农村权力结构中的主导地位就会被重新激活。在具体事件的权力互动过程中，基层政府拥有近乎无限的自由余地，在几乎没有权力监督的情况下，基层政府能够动用一切手段操纵局势，也能够通过各种行动策略直接影响其他群体的行动，在很多情况下，使得被操纵的群体，不得不接受基层政府所安排的结果。

而作为农村微观治理过程中的另一个主体——村民来说，面对基层政府的权力主导，他们的权力大部分情况下都处于"被忽视"的状态。村民中的精英——村民小组长在日常的村级事务中，扮演的大都是"上传下达"角色，甚至随着农业税的取消，计划生育政策的强制性逐渐减弱，村级各项事务也被纳入基层政府的目标责任制进行考核与管理，原本需要村民小组长协调的村级工作大部分都由村干部集中完成，由村干部直接与农民进行协商，不需要村民小组长再充当其中的"传话筒"。而相较于村民小组长，普通农民更是处于弱势地位，不仅无法通过公共参与，来彰显自身的合法权益，充分行使自治权（张厚安等，2000；孙秀林，2008），在基本权益受到伤害的维权方面，也大都使用"弱者的武器"（Scott，1985，1990）。

在利益性与时效性并存的征地事件中，以基层政府为主导的权力互动体现得尤为明显。在三洲街道过去的征地事件中，以组织目标为导向的机制直接带来了基层干部将既快又好地完成组织目标作为唯一追求。在这样一种"组织目标至上"的背景下，三洲街道在安排征地任务的过程中，一切安排都从如何更有效、更快速地完成征地任务出发。正如前文所提到的，基层干部普遍认为，群众在征地中的利益只表现为物质利益，只要在征地价格上合理，就算是做到了保护群众利益。而群众的知情权、告知权等法律中规定必须要保障的权益，都是可以被忽视甚至是刻意回避的，因为这些征地程序的讲究只会影响征地的效率，增加征地的难度。在征地协议签订的具体过程中，农民也遭到了实质性的忽略，三洲街道采取了由村民小组长或者村民小组长和村民小组代表代替村民小组的全体成员签字的方式，普通村民并没有签字的权力。除了无法签字之外，村民小组成员的征地参与度也很低，他们大都对于征地项目的详细情况，甚至征地的价格都不是很了解，很多村民都是在毫不知情的情况下，土地就被国家征收了。在这种权力互动的格局下，三洲街道的自由余地很充裕，由于缺乏必要的监督，他们为了完成组织目标，可以最大化地压缩村民的自由余地，基层政府不仅拥有更多的权力资源，而且能够最大限度地操纵局势。相较于三洲街道，农民的选择余地几乎被压缩殆尽，不仅权力资源有限，也无法通过有效的策略来构建于己有利的协商性交换。结果，始终处于被动的局面，面对基层政府的各种行动策略也只能听之任之了。

但是，这种以基层政府为主的权力互动在2.5产业园的土地整理项目中发生了变化，不仅权力互动层面下移到以农民（包括村民小组长与普通村民）为主导的中下层模式，中上层所拥有的自由余地也逐渐向中下层流动。正如上节所提到的，规则的改变是农村微观治理变化的前提，在十八大之后，新规则的出现使得基层的政策环境发生了新的变化，随着"服务型"政府、政策执行"依法、依规"的强调以及相应的监管与查处机制的加强，三洲街道在征地过程中的自由余地被直接压缩。如今在征地过程中，不仅要完成组织目标，还需要尽可能遵守相关的法律规范，并充分保障农民的包含物质利益、知情权、自愿签订等各方面的权益。也就是说，权力重心下移到了以农民为主导的中下层模式。为了保证新的征地方案的推行，三洲街道进一步将征地任务"发包"给村干部，之所以采取这种策略，主要有两个方面的原因：首先，只有在村干部的主导执行下才能顺利完成新的征地方案。相较于街道干部主要负责的拆迁，征地中的"弹性小"，每户的价格都是一致的，不存在"会哭的孩子有奶吃"的情况。在无法轻易用利益促使农民签字的情况下，必须由对村内情况更为了解的村干部对农民进行动员。因为，村干部经常与该村的农民打交道，对本村的基层工作和人员信息都更为熟悉，在征地上也能更好地处理相关的问题，可以将出现遗留问题的风险降到最低。其次，江洲市属地管理的要求加大了三洲街道独立完成土地整理任务的难度，为了提高工作效率，三洲街道需要村干部帮忙分担征地任务。

虽然在权力下移的同时，三洲街道的管理和控制也下移了，正如上文所提到的，三洲街道通过"劳动锦标赛""重点工作考评"等方式对桥村间接施压，促使桥村在有限的时间内，加速完成征地任务。但村干部在治理过程中的参与度提高了，由原来的协助角色变为如今的主导者。由于新征地操作规则的要求，为了在遵守规则的情况下，尽快完成征地任务，村干部进一步采取了先说服村民小组长的行动策略。因为，在征地方案的制订过程中，三洲街道充分考虑了农民的群体性利益，将征地签字方式修改为必须每家每户上门签字，而且签字率至少要达到80%，而发挥村民小组长的作用是实现签字率的最佳方式。该策略进一步引发了权力互动层面向以农民为主导的中下层模式的转移，也使得在三洲街道与村级组织自由余地减少的同时，农民群体的自由余地却得到了增加。作为农民群体之一的村民小组长，不仅在与村干部的互动中获得了"讨价还价"的余地，在与农民的互动中也替代村干部，成为农民与基层政府之间的"沟通桥梁"；还利用自己在农民与村干部之间发挥的关键性作用，充分实现自身利益的最大化。除了村民小组长，普通农民的自由余地也得到了提升，他们获得了更多与基层政府对话的机会，拥有了更多的话语权与参与度。

第三节　延展思考

总的来说，本书充分展现了农村微观治理从侧重"管理"到侧重"治理"的转变。在大部分乡村治理研究中，直接将政府放在了管理甚至统治的地位，认为政府是"当权者"，而农民则是"弱势者"，农民要通过维权方式才能获得应有的权益（Lass-well & Kaplan, 2014）。但是在本书的案例中，由于宏观政策的调整，构建了一种权力主体协商性的策略互动环境，基层政府在权力行使中自由余地的克制与约束伴随着农民自由余地的增长。在这个过程中，基层政府采取的新征地方案赢得了民心，同时农民群体也通过新的规则而获得了更多的权益。也就是说，虽然在征地事件中，双方在自由余地的拥有上有所变化，但这种变化使得双方的权力资源在一定程度上都有所增长，基层政府赢得了权威性资源，而农民群体在治理过程中的地位也提高了，一种更为多元化的参与以及协商程度更高的上下互动治理模式正在农村逐步展现。

此外，在经验研究的基础上，本书试图脱离具体个案，尝试回答这样的问题：宏观规则的改变如何引发农村微观治理的变化？正如前文所提到的，农村微观治理过程实际就是一种权力互动过程。在我国，新政策的形成并不意味着权力主体博弈的结束，反而往往只是权力互动的开始（陈家建等，2013）。为了保证新政策贯彻落实到基层，往往会有一系列保障措施随之施行，比如对基层政府的监管与查处机制会得到进一步强化。虽然由于行动者的"有限理性"，在规则实施的过程中必然具有一定的"弹性"，但作为典型的科层制组织，基层政府采取策略行动的程度与其可能要承担的后果有着密切联系，而这种后果的大小又直接取决于监管与查处机制的强化与否。该机制的强化直接约束了基层政府的自由裁量空间，它提高了基层干部违规行为的成本支出，进而提高了规则实施过程中的"变通"成本支出（丁煌等，2004）。

在具体事件的行动领域中，由于监管与查处机制的强化，违规成本提高，基层政府不得不改变规则实施程序，制定新的操作性规则以适应宏观规则的变化。但是，这种适应并不是严格遵守新规则，而是一种利益权衡下的"变通"，而"变通"的程度则取决于违规成本的高低。也就是说，基层政府新操作性规则的制定事实上也是一种行动策略，有别于上级政府，基层政府既是操作性规则的制定者也是执行者，基层干部在受到新规则约束的同时，还必须在新规则实施过程中尽可能实现组织利益。

在新操作性规则出台后，为了更好地实现各自的利益，塑造对自己有利的条件，行动者采取了新的行动策略，彼此也建构了新的协商性行为交换，新的权力关系也由此形成。随着不同行动者之间协商性交换次数的增加，权力关系的变化逐渐体现为多个行动者所代表的不同治理主体之间的权力互动层面的变化。这种变化主要体现在主导权的变动，有可能是从一类治理主体为主导变化为另一类治理主体为主导，而这种主导权的变化实质上体现了不同治理主体所拥有的自由余地的变化。虽然所有人都可以通过协商性交换而有所收获，彼此的自由余地也会相互制衡，但依然会出现某类或者某几类治理主体的自由余地扩大的情况。这种权力互动方式的改变以及自由余地在不同治理主体间的流动充分展现了农村微观治理过程的变化。

作为一项个案研究，本书希望在呈现经验事实的基础上，借助既有的分析思路，将宏观规则变化对农村微观治理的影响引向更为深入的层次。但由于个案所掌握的信息比较有限，无法以此类推到更大范围的同类现象，做普适性的解释。本书揭示的很可能是宏观规则变化引发的农村微观治理变化的一种路径，因为宏观规则的类型各有不同，在全国各地基层政府所呈现的政策环境也有所区别，再加上不同事件所建构的具体行动领域不同，所以在其他情况下的研究结果很可能会与本书的案例存在较大差异。如果调查的地域范围更广，涉及的重大事件更多的话，对于该问题可能会有更准确的把握。此外，如何将政策研究、政策执行研究、基层权力结构研究等多个研究领域结合起来，以寻求在探究具体问题时具备上下贯通的更为全面的理论思维，还需要进一步地推进与探索。

参考文献

中文著作

艾尔·巴比，2000，《社会研究方法基础》，邱泽奇译，北京：华夏出版社。

埃弗里特·M. 罗吉斯、拉伯尔·J. 伯德格，1988，《乡村社会变迁》，王晓毅、王地宁译，杭州：浙江人民出版社。

埃哈尔·费埃德伯格，2005，《权力与规则——组织行动的动力》，张月等译，上海：上海人民出版社。

狄金华，2015，《被困的治理——河镇的复合治理与农户策略（1980—2009）》，北京：三联书店。

杜赞奇，2003，《文化、权力与国家》，王福明译，南京：江苏人民出版社。

费孝通，2007，《乡土中国》，上海：上海人民出版社。

弗里曼、毕克伟、赛尔登，2002，《中国乡村，社会主义国家》，陶鹤山译，北京：社会科学文献出版社。

郭正林，2005，《中国农村权力结构》，北京：中国社会科学出版社。

哈罗德·D. 拉斯韦尔，1992，《政治学：谁得到什么？何时和如何得到？》，杨昌裕译，北京：商务印书馆。

何艳玲，2007，《都市街区中的国家与社会：乐街调查》，北京：社会科学文献出版社。

贺雪峰，2003，《新乡土中国》，桂林：广西师范大学出版社。

——，2004，《乡村研究的国情意识》，武汉：湖北人民出版社。

孔飞力，2002，《中华帝国晚期的叛乱及其敌人》，谢亮生等译，北京：中国社会科学出版社。

劳伦斯·纽曼，2007，《社会研究方法：定性和定量的取向》，郝大海译，北京：中国人民大学出版社。

李慧中、张期陈，2011，《征地利益论》，上海：复旦大学出版社。

李友梅，2001，《组织社会学及其决策分析》，上海：上海大学出版社。

梁漱溟，2011，《中国文化要义》，上海：上海人民出版社。

马克斯·韦伯，2006，《经济与社会》（上卷），林荣远译，北京：商务印书馆。

米歇尔·福柯，1999，《必须保卫社会》，上海：上海人民出版社。

米歇尔·克罗齐埃，2002，《科层现象》，刘汉全译，上海：上海人民出版社。

尼克拉斯·卢曼，2005，《权力》，翟铁鹏译，上海：上海世纪出版集团。

斯考特·罗泽尔、李建中，1992，《中国经济改革中村干部的经济行为》，北京：经济管理出版社。

孙立平、郭于华，2000，《"软更兼施"：正式权力的非正式运作的过程分析》，载《清华社会学评论》特辑，厦门：鹭江出版社。

汤京平，2013，《个案研究》，载翟海源等《社会及行为科学研究法（二）——质性研究方法》，北京：社会科学文献出版社。

王铭铭，1997，《村落视野中的文化与权力》，北京：三联书店。

维克多·特纳，2007，《戏剧、场景及隐喻：人类社会的象征性行为》，王珩、石毅译，北京：民族出版社。

吴晗，2012，《论士大夫》，载吴晗、费孝通等《皇权与绅权》，长沙：岳麓书社。

吴嘉苓，2013，《访谈法》，载翟海源等《社会及行为科学研究法（二）——质性研究方法》，北京：社会科学文献出版社。

徐勇，1997，《中国农村村民自治》，武汉：华中师范大学出版社。

——，2003，《乡村治理与中国政治》，北京：中国社会科学出版社。

应星，2001，《大河移民上访的故事》，上海：三联书店。

张厚安、徐勇，1995，《中国农村政治稳定与发展》，武汉：武汉出版社。

张厚安、徐勇、项继权等，2000，《中国农村村级治理：22个村的调查与比较》，武汉：华中师范大学出版社。

张静，2006，《现代公共规则与乡村社会》，上海：上海书店出版社。

张仲礼，1991，《中国绅士》，李荣昌译，上海：上海社会科学院出版社。

赵虎吉，2002，《比较政治学》，广州：中山大学出版社。

中共中央马克思恩格斯列宁斯大林著作编译局，1961，《马克思恩格斯全集》（第9卷），北京：人民出版社。

中共中央文献研究室，2009，《毛泽东文集》（第8卷），北京：人民出版社。

周其仁，2013，《产权与制度变迁——中国改革的经验研究》（增订本），北京：北京大学出版社。

中文论文

蔡家麒，1994，《试论田野作业中的参与观察法》，《云南民族学院学报》（哲学社会科学版）第 1 期。

曹海林，2008，《乡村权力结构的演变与新农村建设的再组织化》，《社会科学》第 3 期。

曹秀伟，2015，《政治新常态下领导干部法治思维和依法办事能力的提高》，《理论学报》第 4 期。

常利民，2009，《村民小组是否可以取消》，《中国乡村建设》第 4 期。

陈家建、边慧敏、邓湘树，2013，《科层结构与政策执行》，《社会学研究》第 6 期。

成伯清，2015，《社会意向与社会治理》，《社会科学研究》第 1 期。

程同顺、赵一玮，2010，《村民自治体系中的村民小组研究》，《晋阳学刊》第 2 期。

狄金华、钟涨宝，2014，《从主体到规则的转向——中国传统农村的基层治理研究》，《社会学研究》第 5 期。

丁煌、定明捷，2004，《"上有政策、下有对策"——案例分析与博弈启示》，《武汉大学学报》（哲学社会科学版）第 6 期。

樊平，1998，《深入研究村落公共权力》，载韩明谟等《中国社会与现代化》，北京：中国社会出版社。

费孝通，2005，《〈中国乡村考察报告〉总序》，《社会》第 1 期。

冯晓平，2012，《两级博弈下的征地风险流动分析》，《农村经济》第 1 期。

付英，2014，《村干部的三重角色及政策思考——基于征地补偿的考察》，《清华大学学报》（哲学社会科学版）第 3 期。

郭亮，2012，《土地征收中的利益主体及其权利配置——对当前征地冲突的法社会学探析》，《华中科技大学学报》（社会科学版）第 5 期。

郭正林，2003，《卷入民主化的农村精英：案例研究》，《中国农村观察》第 1 期。

——，2004，《乡村治理及其制度绩效评估：学理性案例分析》，《华中师范大学学报》（人文社会科学版）第 4 期。

贺雪峰，2000，《村庄精英与社区记忆：理解村庄性质的二维框架》，《社会科学辑刊》第 4 期。

——，2001，《论村级权力结构的模化》，《社会科学战线》第 2 期。

——，2012，《农民利益、耕地保护与土地征收制》，《南京农业大学学报》（社会科学版）第 4 期。

贺雪峰、阿古智子，2006，《村干部的动力机制与角色类型——兼谈乡村治理研究中的若干相关话题》，《学习与探索》第 3 期。

贺雪峰、董磊明，2005，《中国乡村治理：结构与类型》，《经济社会体制比较》第 3 期。

贺雪峰、董磊明、陈柏峰，2007，《乡村治理研究的现状与前瞻》，《学习与实践》第 8 期。

黄宗智，2003，《中国的"公共领域"与"市民社会"——国家与社会间的第三领域》，载黄宗智（主编）《中国研究的范式问题讨论》，程农译，北京：社会科学文献出版社。

金太军，2004，《村庄权力结构研究综述》，《文史哲》第 1 期。

郎友兴、郎友根，2003，《从经济精英到村主任：中国村民选举与村级领导的继替》，《浙江社会科学》第 1 期。

李红波、赵俊三，2010，《征地制度改革动态博弈分析》，《中国土地科学》第 1 期。

李化斗，2011，《社会生活中的具体与抽象——兼论"过程—事件分析"》，《社会》第 2 期。

李连江、熊景明，1998，《"中国大陆村级组织建设研讨会"综述》，载香港中文大学中国研究服务中心编《中国大陆村级组织建设研讨会》。

李猛，1995，《从"士绅"到"地方精英"》，《中国书评》第 5 期。

李强，2014，《创新社会治理体制》，《前线》第 1 期。

——，2015，《社会学与社会治理》，《中国民政》第 3 期。

刘明，2009，《村庄选举中的政治沟通》，《中共青岛市委党校青岛行政学院学报》第 5 期。

刘喜堂，1997，《论我国乡村社区权力结构》，《政治学研究》第 1 期。

刘祥琪、陈钊、赵阳，2012，《程序公正先于货币补偿：农民征地满意度的决定》，《管理世界》第 2 期。

刘杨、黄贤金、吴晓洁，2006，《失地农民的维权行为分析——以江苏省铁本事件征地案件为例》，《中国土地科学》第 1 期。

卢福营，2006，《村民自治与阶层博弈》，《华中师范大学学报》（人文社会科学版）第 4 期。

罗彦、周春山，2005，《中国城乡边缘区研究的回顾和展望》，《城市规划》第 1 期。

马明洁，2000，《权力经营与经营式动员》，载《清华社会学评论》特辑，厦门：鹭江出版社。

梅志罡，2000，《传统社会文化背景下的均衡性村治》，《中国农村观察》第 2 期。

齐晓瑾、蔡澍、傅春晖，2006，《从征地过程看村干部的行动逻辑——以华东、华中三个村庄的征地事件为例》，《社会》第2期。

宋维强，2001，《当代中国农民的政治参与》，《长白学刊》第6期。

孙海泉，2003，《清代中叶直隶地区乡村管理体制——兼论清代国家与基层社会的关系》，《中国社会科学》第3期。

孙立平，2004，《"过程—事件分析"，作为一种研究策略》，《市场研究》（网络版）第4期。

孙龙，2007，《体制——内生研究框架与村庄权力结构的类型化研究》，《华中农业大学学报》第4期。

孙秀林，2008，《村庄民主及其影响因素：一项基于400个村庄的实证分析》，《社会学研究》第6期。

谭术魁、齐睿，2010，《中国征地冲突博弈模型的构建与分析》，《中国土地科学》第3期。

谭术魁、涂姗，2009，《征地冲突中利益相关者的博弈分析——以地方政府与失地农民为例》，《中国土地科学》第11期。

仝志辉，2000，《精英均衡与规划性选举》（打印稿）。

——，2002，《农民选举参与中的精英动员》，《社会学研究》第2期。

仝志辉、贺雪峰，2002，《村庄权力结构的三层分析》，《中国社会科学》第1期。

王汉生，1994，《改革以来中国农村的工业化与农村精英构成的变化》，《中国社会科学季刊（香港）》第3期。

王汉生、王一鸽，2009，《目标管理责任制：农村基层政权的实践逻辑》，《社会学研究》第2期。

王思斌，1991，《村干部的边际地位与行为分析》，《社会学研究》第4期。

王为径、叶敬忠，2013，《"以国之名"：农村征地策略中的国家在场分析》，《南京农业大学学报》（社会科学版）第 1 期。

　　王伟林、黄贤金等，2009，《发达地区被征地农户意愿及其影响因素》，《中国土地科学》第 4 期。

　　魏沂，2001，《中国新德治论析——改革前中国道德化政治的历史反思》，《战略与管理》第 2 期。

　　吴鹏，2006，《村级党组织角色变化的政治分析》，《长白学刊》第 3 期。

　　吴思红，2003，《村庄精英利益博弈与权力结构的稳定型》，《中共中央党校学报》第 1 期。

　　项继权，2008，《农村社区建设：社会融合与治理转型》，《社会主义研究》第 2 期。

　　校秋林、李全彩，2011，《试论村民自治下村委会和村党支部的关系》，《长江大学学报》（社会科学版）第 5 期。

　　谢立中，2007，《结构—制度分析，还是过程—事件分析？——从多元话语分析的视角看》，《中国农业大学学报》（社会科学版）第 4 期。

　　徐勇，2003，《乡村治理结构改革的走向——强村、精乡、简县》，《战略与管理》第 4 期。

　　徐勇、黄辉祥，2002，《目标责任制：行政主控型的乡村治理及绩效——以河南 L 乡为个案》，《学海》第 1 期。

　　许耀桐，2015，《习式政治新常态六大鲜明特征》，《人民论坛》第 2 期。

　　杨华，2014，《农村征地拆迁中的利益博弈：空间、主体与策略——基于荆门市城郊农村的调查》，《西南大学学报》（社会科学版）第 5 期。

　　杨善华，2000，《家族政治与农村基层政治精英的选拔、角色定位和精英更替》，《社会学研究》第 3 期。

　　杨甜甜，2007，《社会学研究作为行动领域组织中的权力与规则——评费埃德伯格的〈权力与规则〉》，《社会学研究》第 4 期。

于建嵘，2004，《当前农民维权活动的一个解释框架》，《社会学研究》第 2 期。

俞可平，2001，《治理和善治：一种新的政治分析框架》，《南京社会科学》第 9 期。

张静，1998，《政治社会学及其主要研究方向》，《社会学研究》第 3 期。

张期陈、胡志平，2012，《征地利益冲突的微观经济学》，《经济体制改革》第 2 期。

张汝立，2003，《目标责任制与手段选择的偏差——以农村基层政权组织的运行困境为例》，《理论探讨》第 4 期。

张占录、王义发，2011，《基于完全信息动态博弈的中国征地问题分析》，《中国土地科学》第 6 期。

赵德余，2009，《土地征用过程中农民、地方政府与国家的关系互动》，《社会学研究》第 2 期。

赵树凯，2001，《"村民冷漠"实话实说》，《改革内参》第 16 期。

周飞舟，2006，《从汲取型政权到"悬浮型"政权——税费改革对国家与农民关系之影响》，《社会学研究》第 3 期。

周黎安，2007，《中国地方官员的晋升锦标赛模式研究》，《经济研究》第 7 期。

——，2014，《行政发包制》，《社会》第 6 期。

周晓虹，2000，《从国家与社会关系看中国农民的政治参与——毛泽东和后毛泽东时代的比较》，《香港社会科学学报》第 5 期。

周雪光，2009，《一叶知秋：从一个乡镇的村庄选举看一个社会的制度变迁》，《社会学研究》第 3 期。

朱东恺、施国庆，2004，《城市建设征地和拆迁中的利益关系分析》，《城市发展研究》第 3 期。

朱继东，2015，《"政治新常态"视角下改与不改的辩证统一》，《理论探索》第 3 期。

朱力、汪小红，2014，《现阶段中国征地矛盾的特征、趋势与对策》，《河北学刊》第 6 期。

邹秀清、钟晓勇、肖泽干、宋鑫，2012，《征地冲突中地方政府、中央政府和农户行为的动态博弈分析》，《中国土地科学》第 10 期。

英文论文

Edin, M. (2003). Local State Corporatism and Private Business. *Journal of Peasant Studies*, 30 (3), 278 – 295.

Koelble, T. A. (1995). The New Institutionalism in Political Science and Sociology. *Comparative Politics*, 27 (2), 231 – 243.

Li, H. & Zhou, L. -A. (2005). Political Turnover and Economic Performance: The Incentive Role of Personnel Control in China. *Journal of Public Economics*, 89 (9), 1743 – 1762.

Lin, N. (1995). Local Market Socialism: Local Corporatism in Action in Rural China. *Theory and Society*, 24 (3), 301 – 354.

Montinola, G. , Qian, Y. & Weingast, B. R. (1995). Federalism, Chinese Style: The Political Basis for Economic Success in China. *World Politics*, 48 (1), 50 – 81.

Nee, V. (1989). A Theory of Market Transition: From Redistribution to Markets in State Socialism. *American Sociological Review*, 54 (5), 663 – 681.

O'Brien, K. J. (2001). Villagers, Elections, and Citizenship in Contemporary China. *Modern China*, 27 (4), 407 – 435.

Oi, J. C. (1992). Fiscal Reform and the Economic Foundations of Local State Corporatism in China. *World Politics*, 45 (1), 99 – 126.

Pastor, R. A. & Tan, Q. (2000). The Meaning of China's Village Elections. *The China Quarterly*, 162, 490 – 512.

Peng, Y. (2004). Kinship Networks and Entrepreneurs in China's Transitional Economy. *American Journal of Sociology*, 109 (5), 1045 – 1074.

Qian, Y. & Roland, G. (1998). Federalism and the Soft Budget Constraint. *American Economic Review*, 88 (5).

Shi, T. (1999). Economic Development and Village Elections in Rural China. *Journal of Contemporary China*, 8 (22), 425 – 442.

Walder, A. G. (1995). Local Governments as Industrial Firms: An Organizational Analysis of China's Transitional Economy. *American Journal of Sociology*, 101 (2), 263 – 301.

英文著作

Bourdieu, P. (1990). *The Logic of Practice*. Stanford, CA: Stanford University Press.

Bourdieu, P. (2010). *Outline of a Theory of Practice* (25. printing). Cambridge, England: Cambridge University Press.

Chan, A. , Madsen, R. & Unger, J. (1992). *Chen Village Under Mao and Deng*. Berkeley, CA: University of California Press.

Dahl, R. (1965). The Power Analysis Approach to the Study of Politics. In David Sills (Eds.), *International Encyclopedia of the Social Sciences* (pp. 405 – 515). London, England: Macmillan.

Emerson, R. M. (Ed.). (1983). *Contemporary Field Research*.

Boston, MA: Little, Brown.

Epstein, A. B. (1997). Village Elections in China: Experimenting with Democracy. In Joint Economic Committee of the US Congress, ed., *China's Economic Future: Challenges to US Policy* (pp. 403 – 422). Armonk, NY: M. E. Sharpe.

Foucault, M. (1980). *Power/Knowledge: Selected Interviews and Other Writings, 1972 – 1977.* (C. Gordon, Ed.) (1st American Ed edition) New York, NY: Vintage.

Friedman, E., Pickowicz, P. & Selden, M. (1991). *Chinese Village, Socialist State.* New Haven, CT: Yale University Press.

Greenfield, H. I. (1966). *Manpower and the Growth of Producer Services.* New York, NY: Columbia University Press.

Lasswell, H. D. & Kaplan, A. (2014). *Power and Society: A Framework for Political Inquiry.* New Brunswick, N. J. : Transaction Publishers.

Migdal, J. S. (2001). *State in Society: Studying How States and Societies Transform and Constitute One Another.* New York, NY: Cambridge University Press.

Migdal, J. S., Kohli, A. & Shue, V. (1994). *State Power and Social Forces Domination and Transformation in the Third World.* Cambridge, England: Cambridge University Press.

O'Brien, K. J. & Li, L. (2006). *Rightful Resistance in Rural China.* Cambridge, England: Cambridge University Press.

Oi, J. C. (1991). *State and Peasant in Contemporary China: The Political Economy of Village Government.* Berkeley, CA: University of California Press. Retrieved from http://public. eblib. com/choice/publicfullrecord. aspx? p = 922902.

Oi, J. C. (1999). *Rural China Takes off: Institutional Founda-*

tions of Economic Reform. Berkeley, CA: University of California Press.

Olsen, M. E. (1972). *Power in Societies.* New York, NY: Macmillan.

Parish, W. L. & Whyte, M. K. (1978). *Village and Family in Contemporary China.* Chicago, IL: University of Chicago Press.

Parsons, T. (1969). On the Concept of Political Power. In Roderick B. , Danvid V. Edwards, and R. Harrison Wagner (Eds.), *Political Power: A Reader in Theory and Research* (p. 252). New York, NY: Free Press.

Putterman, L. G. (1993). *Continuity and Change in China's Rural Development: Collective and Reform Eras in Perspective.* Oxford, England: Oxford University Press.

Rubin, H. J. & Rubin, I. S. (2005). *Qualitative Interviewing: The Art of Hearing Data.* Thousand Oaks, CA: SAGE.

Schoppa, R. K. (1982). *Chinese Elites and Political Change: Zhejiang Province in the Early Twentieth Century.* Cambridge, MA: Harvard University Press.

Scott, J. C. (1985). *Weapons of the Weak: Everyday Forms of Peasant Resistance.* New Haven, CT: Yale University Press.

Scott, J. C. (1990). *Domination and the Arts of Resistance: Hidden Transcripts.* New Haven, CT: Yale University Press.

Scott, W. R. (2002). *Organizations: Rational, Natural, and Open Systems* (5 edition). Upper Saddle River, NJ: Prentice Hall.

Shue, V. (1988). *The Reach of the State: Sketches of the Chinese Body Politic.* Stanford, CA: Stanford University Press.

Simmel, G. (1977). *On Individual and Social Forms.* Chicago, IL: University of Chicago Press.

Siu, H. F. (1989). *Agents and Victims in South China: Accomplices in Rural Revolution.* New Haven, CT: Yale University Press.

States, J. E. C. C. of the U. (1997). *China's Economic Future: Challenges to U. S. Policy.* Armonk, NY: Routledge.

Wilson, J. Q. (1989). *Bureaucracy: What Government Agencies Do and Why They Do it.* New York, NY: Basic Books.

Zweig, D. (1997). *Freeing China's Farmers: Rural Restructuring in the Reform Era.* Armonk, NY: M. E. Sharpe.

学位论文

李猛，1996，《日常生活中的权力技术：迈向一种关系/事件的社会学分析》，北京大学硕士学位论文。

吴毅，2002，《村治变迁中的权威与秩序——20世纪川东双村的表达》，华中师范大学博士学位论文。

宿胜军，1997，《从"保护人"到"承包人"》，北京大学硕士学位论文。

于建嵘，2002，《转型期中国乡村政治结构的变迁——以岳村为表述对象的实证研究》，华中师范大学博士学位论文。

报纸与网络资料

新华社，2014，《一分钟看明白习近平"新常态"》，人民网（http://politics. people. com. cn/n/2014/1110/c1001 – 26000332. html），11月10日。

其他资料

法律出版社编，2004，《中华人民共和国土地管理法》，北京：

法律出版社。

——, 2007,《中华人民共和国宪法, 中国共产党章程》, 北京: 法律出版社。

——, 2015,《中华人民共和国城乡规划法》, 北京: 法律出版社。

国家统计局, 2016,《2015 年国民经济运行情况》。

国土资源部, 2003,《全国土地开发整理规划 (2001—2010)》。

——, 2010,《关于进一步做好征地管理工作的通知》 (国土资发〔2010〕96 号)。

江苏省国土资源厅, 2011,《关于进一步完善建设用地审查报批工作的通知》 (苏国土资发〔2011〕145 号)。

江苏省人民政府, 2003,《江苏省农村土地承包经营权流转办法》。

——, 2011,《关于调整征地补偿标准的通知》 (苏政发〔2011〕40 号)。

——, 2013,《江苏省征地补偿和被征地农民社会保障办法》 (苏政发〔2013〕93 号)。

——, 2015,《省政府关于推进依法行政加快建设法治政府的意见》 (苏政发〔2015〕1 号)。

江洲市规划局, 2013,《江洲市东部新城生产性服务业发展规划》, 2013 年。

江洲市纪委, 2013,《江洲市重大行政处罚案件全程监督办法》 (江纪发〔2013〕27 号)。

江洲市政府, 2001,《关于推行村账镇管的意见》 (江政发〔2001〕25 号)。

——, 2008,《关于进一步加强征地拆迁工作的会议纪要》 (江政发〔2008〕2 号)。

——, 2009,《关于征地补偿及相关费用分配的指导意见》

（江政发〔2009〕74号）。

——，2012，《江洲市土地出让成本控制与收益分配管理办法》（江政发〔2012〕62号）。

——，2012，《关于进一步完善农村干部激励约束机制的意见》（江政发〔2012〕94号）。

——，2013，《被征地农民基本生活保障补充条例》（江政发〔2013〕55号）。

——，2014，《关于深入开展党的群众路线教育实践活动的实施意见》（江发〔2014〕4号）。

——，2014，《江洲市党风廉政建设责任追究实施办法》（江政发〔2014〕25号）。

江洲县地方志编撰委员会，1991，《江洲县志》，北京：文物出版社。

桥村党委，2014，《桥村2014年村干部的职责岗位要求》。

三洲街道，2014，《三洲街道村级财务管理办法》（街委发〔2014〕13号）。

三洲镇党委，2006，《三洲镇村干部规范化管理实施办法》（镇委发〔2006〕90号）。

习近平，2013，《把权力关进制度的笼子里》报告。

镇洲市委办公室，2013《党政机关及其工作人员问责办法》（镇办发〔2013〕23号）。

中共中央，1994，《关于加强农村基层组织建设的通知》。

——1999，《中国共产党农村基层组织工作条例》。

——，2004，《关于深化改革严格土地管理的决定》（国发〔2004〕28号）。

——，2006，《国民经济和社会发展第十一个五年规划纲要》。

——，2014，《中共中央关于全面推进依法治国若干重大问题的决定》。

——，2014，《关于加强基层服务型党组织建设的意见》。

——，2015，《法治政府建设实施纲要（2015—2020 年）》。

中共中央文献研究室，2014，《十八大以来重要文献选编》（上册），北京：中央文献出版社。

中共中央宣传部，2014，《习近平总书记系列重要讲话读本》，北京：人民出版社。

中国法制出版社编，1998，《中华人民共和国城市居民委员会组织法》，北京：中国法制出版社。

附录一　桥村征地事件主要
调研访谈名录

访谈编号	受访者
QCCSJ20141130	桥村党委书记陈书记
GTJZJZ20141202	江洲市国土局张局长
GTJYJZ20141205	江洲市国土局银局长
DZZ20150204	20 组戴队长
PTP20150212	28 组村民潘廷平
CHT20150212	28 组村民蔡华庭
QCLKJ20150212	桥村林会计
PDZ20150213	28 组潘队长
YHH20150214	28 组队委严华洪
QCCSJ20150301	桥村党委书记陈书记
QCWCZ20150306	桥村王村长
YHP20150306	28 组村民严华平
YHQ20150309	28 组村民严华青
YJT20150316	28 组村民严金涛
PTF20150316	28 组村民潘廷发
LSZ20150324	20 组村民林素珍
BMX20150325	20 组村民包明信
GZH20150325	20 组队委郭珍红
RJP20150330	20 组村民戎建平
WYP20150401	28 组队委王永平

访谈编号	受访者
ZJL20150401	20 组村民周金兰
YP20150401	20 组村民严平
YDG20150407	20 组村民严冬根
QCYSJ20150429	桥村印书记
JYC20150504	23 组队委李禹成
JPH20150504	23 组队委李平和
RF20150505	20 组村民任芳
JDZ20150616	23 组季队长
JLS20150617	23 组村民季良生
LCD20150617	23 组队委林成栋
JYC20150630	23 组队委季余成
JDC20150702	23 组村民季德成
QCCZR20150703	桥村常主任
JLH20150704	23 组村民季林红
JYC20150704	23 组队委季银城
GTJYJZ20151013	国土局张局长
SZJD20151023	三洲街道孙书记
GTJEKZ20151202	国土局鄂科长
SZJDFZR20151210	三洲街道付主任
SZJDGZR20151211	三洲街道郭主任
SZJDYZR20151213	三洲街道姚主任
GTJSZJDFJYJZ20151214	国土局三洲街道分局杨局长
SZJDFZR20151215	三洲街道付主任
SZJDWZR20151215	三洲街道吴主任
SZJDQZR20151215	三洲街道戚主任
SZJDWZR20151216	三洲街道吴主任
QCFSJ20151216	桥村方书记
QCCSJ20151229	桥村党委书记陈书记
SZJDDZR20151229	三洲街道杜主任

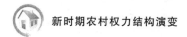

续表

访谈编号	受访者
SZJDSHJ20151229	三洲街道孙书记
GTJYJZ20160113	江洲市国土局银局长
GTJYJZ20160123	江洲市国土局银局长
SZJDJZR20160125	三洲街道贾主任
SZJDWZR20160125	三洲街道吴主任

注：访谈记录根据访谈录音或访谈现场笔记整理；访谈编号按照职业机构名称、受访者姓名、受访年份、月份、日期排列；受访者姓名按照学术惯例进行了化名处理。

附录二 桥村征地事件调研主要田野笔记名录

记录编号	田野主题	重要参与者
SJDYH20140926	2.5产业园土地整理项目市级动员大会	江洲市余市长、三洲街道孙书记、桥村陈书记
QCDYH20140930	桥村土地整理项目动员大会	三洲街道孙书记、桥村党委书记陈书记
QCSZDHCSJ20141218	桥村村干部述职大会	桥村党委书记陈书记
QZQZDD20150116	28组群众大会	桥村方书记、王村长、潘队长、队委以及村民代表
QCZDBZHY20150305	桥村征地包组会议	陈书记、王村长等桥村定额干部五人
JSH20150309	20组戴队长来桥村交钥匙的经过	印书记、戴队长
MSZZ20150402	23组季队长就征地亩数问题与陈书记辩驳	陈书记、季队长
QZDD20150402	23组第一次村民大会	季队长、队委、村民代表
QZDD20150412	23组第二次村民大会	印书记、常主任、季队长、队委、村民代表
LMXHY201504016	23组第三次村民大会	季队长、队委、村民代表
JLMX20150418	季队长到桥村交联名信的经过	陈书记、季队长
XL20150421	在联名信计划失败后，村干部上门施压	季队长、常主任、小殷
JCBX20150428	季队长到桥村谈判	陈书记、季队长、王村长

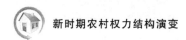

续表

记录编号	田野主题	重要参与者
ZDCCGZZHY 20150226	征地与拆迁工作组年后动员会议	孙书记、陈书记
SFLCD20150703	季队长上门说服林成栋的经过	季队长、林成栋
SFJYC20150703	季队长上门劝说季银城的过程	季队长、季银城
DZQ20151229	与1组村民拉家常	1组村民戴泽清

注：田野笔记根据田野现场笔记或事后笔记整理；田野笔记编号按照田野主题、参与田野年份、月份、日期排列；田野重要参与者姓名按照学术惯例进行了化名处理。

后　记

　　"击石乃有火，不击元无烟。人学始知道，不学非自然。万事须己运，他得非我贤。青春须早为，岂能长少年。"从懵懂年华到如今的近而立之年，我的大部分时间都在学习中度过。回首走过的岁月，感慨良多。还记得幼时的梦想，当时因为学习了一篇有关周恩来总理的课文，而将"为中华之崛起而读书"视为自己的远大理想，后来经历了初中与高中生活，我逐渐变得安于现状，机械学习，但是在大学接触了社会学之后，我似乎又找到了前进的动力，对于"弱势"群体，有了更多的人文主义关怀，也尝试在"同情心"的背后，进一步寻求更深层次的答案。回顾在南大社会学院的这九年，我有太多需要感谢的老师与同学，正是在你们的帮助下，我才得以不断成长，也得以走过这段人生中最有意义的旅程。

　　最先要感谢的是我的本科、硕士以及博士阶段的导师朱力教授，我的本科论文就是朱老师指导的，是他开启了我研究农村问题的大门。在博士阶段，跟着朱老师完成国家课题的经历进一步提高了我的学术研究与写作水平，朱老师当时跟我说的一句话，我至今记忆犹新，他说，写一篇论文最少要花三个月的时间。要知道，之前我的文章很多都是"临时抱佛脚"赶出来的，是朱老师的这句话提醒了我，在学术论文的写作上需要"下苦功"。除了学术上的帮助外，朱老师对待学生宽容、温和的态度也使我在完成国家课题的同时，得以完成博士论文的调查与写作。

感谢我的本科、硕士以及博士阶段的老师成伯清教授，成老师是我的社会学启蒙老师，如果没有他，我不会走上学术的道路。在本科阶段，第一次真正意义上接触社会学便是听成老师的西方社会学课程。我从涂尔干的《自杀论》开始，逐步接触并喜欢上社会学，成老师每周布置的读书报告使我有了很大的提升，而他一次又一次对我读书报告的肯定也使得我对社会学的兴趣越发浓厚。成老师在课上告诉我们要有"社会学想象力"以及在解释社会事实之前，要先把"故事"讲清楚的提点都给我的学术研究带来很大的帮助。在读博期间，成老师仍然为我提供了很多帮助，在文献综述、博士论文的调查以及修改方面都给予了我很多建议。

感谢南大社会学院的其他老师与同学。风老师等老师在第一次中期答辩时给了我很多建议，正是因为有了第一次中期答辩的经历，我进一步修改了博士论文的主题以及文献综述部分的行文逻辑，为后续的博士论文的写作打下基础。本科阶段的辅导员时昱老师、硕博阶段的辅导员曹慧中老师以及院党委书记徐愫老师、前党委书记方文辉老师在学习、生活的各个方面都给了我很大帮助。在师门中，吴炜、李德营、纪军令、朱志玲、邵燕、杜伟泉、袁迎春等同学给我了很多思想上的启发。还有本科同学王灵芝、宋文等，虽然已经工作，但是仍然抽出时间跟我一起探讨学术，在写作过程中给予了我很大的帮助。

还需要感谢在田野调查中给过我无私支持与帮助的每一个人。三洲街道的孙书记并没有因为征地的"敏感"而拒绝我的调查，反而尽力帮我联系要调查的农村社区，并在进入社区后的各个环节都给予了我很多帮助。桥村的陈书记、王村长、印书记、方书记、常主任、石主任、杨雯助理在自身有繁重征地任务的同时，还允许我参与征地的各个阶段并在调查过程中不厌其烦地解答我的问题，正是因为桥村村干部的配合，我才得以全面、细致地了解桥村的征地情况。感谢桥村 20 组、23 组、28 组的队长、队委以及普通村民，他们在深度访谈中的真诚回答为我的田野调查增添了很多色彩。

最后需要感谢的是我的家人，双方父母虽然工作繁忙，但是在我回江洲调查的近一年时间中，照顾我和孩子的生活起居，让我得以在调查中全力以赴。我的丈夫张福健在我忙于博士论文调查与写作的阶段给予了我百分之百的支持，他不仅在我调查或者写作遇到困难的时候，给予我积极的鼓励与安慰，还在我相对忙碌的阶段，给予孩子更多的关心和照顾，帮我分忧。还需要感谢的是我三岁的孩子佳佳，他可爱的笑容与善解人意的举动为我的写作过程增添了很多快乐，除此以外，他独立、坚强的性格也使我在照顾他的同时得以抽出更多时间调查与写作。

谨以此书献给所有在学习和生活中帮助过我的人！

图书在版编目（CIP）数据

新时期农村权力结构演变／周晶晶著. -- 北京：
社会科学文献出版社，2017.10
（田野中国）
ISBN 978 - 7 - 5201 - 1319 - 9

Ⅰ.①新…　Ⅱ.①周…　Ⅲ.①农村 - 权力结构 - 研究
- 中国　Ⅳ.①D638

中国版本图书馆 CIP 数据核字（2017）第 209487 号

田野中国
新时期农村权力结构演变

著　　者／周晶晶

出 版 人／谢寿光
项目统筹／佟英磊
责任编辑／胡　亮

出　　版／社会科学文献出版社·社会学编辑部（010）59367159
　　　　　地址：北京市北三环中路甲 29 号院华龙大厦　邮编：100029
　　　　　网址：www. ssap. com. cn
发　　行／市场营销中心（010）59367081　59367018
印　　装／三河市尚艺印装有限公司

规　　格／开　本：787mm × 1092mm　1/16
　　　　　印　张：13.75　字　数：179 千字
版　　次／2017 年 10 月第 1 版　2017 年 10 月第 1 次印刷
书　　号／ISBN 978 - 7 - 5201 - 1319 - 9
定　　价／69.00 元